KB138970

베이징대 처세 수업

어떻게 나를 지키며 성장할 것인가?

베이징대

처세
수업

쉬원쥐안 지음
나진희 옮김

글담출판

"사람들은 저마다 자신의 운명을 지배할 수 있다.

만일 우리가 다른 사람의 제약을 받는다면,

그것은 운명의 문제가 아니라 자기 자신의 문제다."

– 윌리엄 셰익스피어

베이징대학교 교육 이념에서 배우는
사회에서 현명하게 살아남는 법

교육을 통해 새로운 세상을 만들고자 했던 베이징대학교의 초대 총장 옌푸嚴復는 영국의 사회학자인 허버트 스펜서Herbert Spencer의 저서 《사회학연구The Study of Sociology》를 《군학이언群學肄言》이라는 제목으로 번역했고, 이 책은 중국에 사회학을 도입하는 데 중요한 역할을 했습니다. 또한 1930년대에 있었던 사회학의 중국화 운동은 중국 지식계가 문화적으로 깨어나는 계기가 됐습니다.

한편 항일전쟁 시기 중국의 최고 학부였던 서남연합대학西南聯合大學과 쿠이거魁閣에서 진행했던 사회학 연구는 당시 중국 지식인들의 정신적 상징이 되기도 했습니다. 여기에서 서남연합대학은 1937년 전시戰時에 베이징대학교, 칭화대학교, 난카이대학교가 연합해 임시로 세워진 대학을 말합니다. 또한 쿠이거는 중국의 저명한 학자 페이샤오퉁費

孝通이 1930년대 말에 설립한 윈난대학교와 옌징대학교의 사회학 연구실을 이릅니다.

이 같은 과정을 거치며 중국에 사회학이 자리를 잡았고, 저명한 사회학자들의 지도 아래 베이징대학교의 사회학은 진취적인 힘을 갖게 되었습니다. 1980년대와 1990년대에 이르러 중국의 사회과학과 인문사상의 발전에 중요한 동력이 되었으며, 중국 국내외에 상당한 영향력을 미치는 국가의 핵심 학과가 되었습니다.

오늘날 베이징대학교 인문학부와 사회과학부는 또 한 번의 변화를 거듭해 '애국, 진보, 민주, 과학'의 전통을 계승하는 한편, 중국의 실리콘밸리라 불리는 선전深圳의 '개척, 성실, 고효율' 정신을 결합해 국제화, 세계화가 가져온 새로운 기회와 도전에 적극적으로 대응하고 있습니다. '근면, 성실, 실사구시, 창조'라는 학풍을 바탕으로 한 예리한 사상과 개척적인 안목 그리고 성실한 작풍으로 끊임없이 새 장을 열어가고 있습니다.

《베이징대 처세 수업》은 베이징대학교 인문사회학 교육 이념과 인문학 권위자들의 가르침을 바탕으로 현대인들이 삶에서 겪는 다양한 문제에 대해 현실적인 조언을 해주는 책입니다. 사회생활을 하며 부딪힐 수밖에 없는 동료, 선후배, 직장상사와의 관계에서 어떻게 처신을 해야 원하는 것을 이뤄낼 수 있는지, 어떤 사람을 사귀어야 하고 또 어떤 사람을 멀리해야 할지, 어떻게 하면 관계를 해치지 않으면서도 상대방에게 자기 의견을 정확히 전달할 수 있을지 같은 일상의 문제부터, 자기 마음을 다스리고 성장하기 위한 정신적인 문제까지 간결하고 명확하게 답을 제시해줍니다.

매일 바쁘게 살아가는 독자들도 잠깐만 틈을 내면 읽을 수 있도록 딱딱한 이론 지식은 배제하고, 누구나 경험해봤을 만한 짧은 이야기들로 구성했습니다. 고전 속 명문구와 고사 및 구체적이고 다양한 사례들을 살펴보며, 실생활에 적용 가능한 처세법을 익힐 수 있게 했습니다.

'사회생활 잘한다'는 말은 곧 얽히고설켜 있는 인간관계를 잘 파악하고 상황에 맞게 처신한다는 말입니다. 하지만 많은 사람들이 당장 눈앞의 감정에 휩쓸려 일을 그르치곤 합니다. 이 책은 감정에 동요하지 않고 냉철하게 앞을 내다보며 지금 자신이 처한 상황에서 가장 합리적인 선택을 할 수 있도록 도와줍니다. 그야말로 독자들의 삶을 충만하게 해주는 사회생존수첩이 되어줄 것입니다.

차례

──────────── 제1장 ────────────

겉으로는 유연해도 속은 단단하게
- 어디서나 통용되는 처세의 기본 원칙 -

제4장

엄격하지만 포용력 있게
- 부하 직원과의 관계 원칙 -

제5장
말은 아끼고 듣기를 신중하게
- 말하기 기술의 원칙 -

제1장

곁으로는 유연해도
속은 단단하게

- 어디서나 통용되는 처세의 기본 원칙 -

현명할수록 과묵하고
어리석을수록 호들갑을 떤다

뛰어난 재능을 갖췄어도 함부로 드러내지 않는 게 좋다.
소극적으로 보일 수 있으나 자신을 지키는 최선책이 될 수 있다.

꽤 많은 사람들이 상황은 전혀 고려하지 않은 채 자기 확신에 차서 직설적이고 날카로운 말로 다른 사람 마음에 상처를 입힙니다. 또는 자신의 재주를 거리낌 없이 남들에게 자랑하기도 합니다. 그러면 사람들은 대부분 미움 또는 질투의 감정을 품게 되는데, 주변 사람들의 그런 반응은 자기 인생에 걸림돌이 됩니다. 걸림돌이 점점 더 많아지면 결국에는 무엇을 하려고 해도 옴짝달싹할 수 없는 처지가 되지요.

흔히 모난 돌이 정 맞는다고 합니다. 두각을 드러내는 서까래 또한 썩어문드러지기 쉽고요. 그래서 사회에서 사람들과 어울리며 잘 살아가기 위해서는 '겸손'이 필요합니다. 겸손은 최고의 방어술로, 불필요한 골칫거리들을 피할 수 있게 도와줍니다.

당나라 때 무장인 곽자의郭子儀는 무예가 출중해 영향력이 큰 지위에 올랐습니다. 그럼에도 그는 자신의 공로가 클수록 골칫거리 역시 많아질 것이라는 점을 늘 염두에 두고 겸손하게 지냈습니다. 언제 어디서든 조심스럽게 행동하고 신중을 기함으로써 스스로를 보호했습니다.

분양왕汾陽王에 봉해진 후에 곽자의는 수도 장안長安의 친인리親仁里에 저택을 갖게 되었습니다. 그런데 그는 매일같이 저택 대문을 활짝 열고 사람들이 자유롭게 드나들 수 있게 했습니다. 가솔들이 소인배들의 모함을 피해야 한다며 사람들의 출입을 막으려고 했지만, 곽자의는 절대 그렇게 하지 못하게 했습니다.

그러던 어느 날, 휘하의 장군 한 명이 외지에 직책을 맡아 그에게 하직 인사를 하러 온 적이 있었습니다. 장군은 조금도 거칠 것이 없었기 때문에 곧장 안채로 들어갔습니다. 그때 부인과 딸은 단장을 하고 있고 곽자의가 그들의 시중을 들고 있는 장면을 목격했습니다. 두 여인은 곽자의에게 수건을 달라고 하기도 하고 물을 떠오라고 심부름을 시키기도 했습니다. 심부름하는 곽자의 모습은 흡사 하인 같아 보였습니다.

장군은 집으로 돌아온 뒤 그 일을 가족들에게 말했습니다. 소문은 순식간에 퍼져 며칠 지나지 않아 장안의 모든 사람들이 그 일을 희롱거리로 삼아 떠들어댔습니다. 하지만 정작 곽자의 본인은 그 이야기를 듣고도 크게 개의치 않았습니다. 오히려 자식들이 아버지의 체면이 너무 구겨졌다고 생각해 아버지에게 달려가 다른 황족의 저택처럼 대문을 닫아걸고 관계없는 사람들이 출입하지 못하도록 명령을 내려 달라고 청했습니다. 하지만 곽자의는 자식들의 요청에 그저 웃을 뿐이었습니다.

그러자 자식들은 불평했습니다. "아버지, 온 세상 사람들이 다 아버지의 업적을 기리고 존경합니다. 그런데 아버지는 자기 스스로를 존중하지 않고 어떤 사람이든 마음대로 안채까지 들어올 수 있게 합니다. 상나라의 현명한 재상 이윤伊尹도, 한나라의 대장군 곽광霍光도 그렇게까지 하지는 않았습니다." 그 말을 들은 곽자의는 얼굴에서 웃음기를 거두고 자식들에게 의미심장한 말을 건넸습니다. "내가 문을 활짝 열고 사람들이 드나들게 한 것은 공허한 명망을 얻기 위함이 아니다. 나를 보호하고 우리 가족의 목숨을 온전히 지키기 위함이다."

이에 자식들은 어안이 벙벙해 그 말에 담긴 뜻을 물었습니다. 곽자의는 자식들의 태도에 한숨을 쉬고는 다음처럼 말했습니다. "너희들은 우리 곽씨 집안의 높은 명성만 볼 뿐 언제든 그 명성을 잃을 수도 있는 위험은 보지 못하는구나. 내가 분양왕에 봉해지면서 누릴 수 있는 부귀는 다 누리게 되었다. 달도 차면 기울고 인생도 크게 흥하면 쇠퇴하는 법이지. 이것은 필연이다. 그래서 사람들은 관직 생활이 순탄할 때 관에서 물러나아 한다고 입버릇처럼 말한다. 하지만 현재 조정이 나를 필요로 하니, 어떻게 고향에 돌아가 은거할 수 있겠느냐. 게다가 설령 고향으로 돌아간다 하더라도 우리 집안의 천여 명이나 되는 식구들이 은거할 곳도 마땅치 않은 상황이다. 결국 지금의 나는 나아갈 수도 없고 물러설 수도 없는 게지. 이런 상황에서 만일 우리 집안이 대문을 걸어 잠그고 외부와 통하지 않는다고 치자. 혹여나 단 한 사람이라도 우리 집안과 원한을 맺는다면, 조정에 불충하다는 모함을 사게 될 것이다. 일부러 남의 어려움을 틈타 해를 가하거나 어진 사람을 공격하는 소인 배들이 그 참에 상황을 더 과장하고 사건을 조작할 것은 뻔한 일이 아니겠느냐. 그렇게 되면 우리 곽씨 집안은 모두 처참하게 죽임을 당할 것이다."

  곽자의가 대문을 활짝 열었던 것은 음험하고 잔인한 관료사회를 잘 알고 있었던 데다 깊고 넓은 정치적 안목과 도덕적 수양을 갖추고 있었기 때문입니다. 그랬기에 복잡한 정치적 환경에서 끝까지 살아남았던 것입니다. 뛰어난 업적을 이뤄가는 분주한 일과 속에서도 불시에 발생할 수 있는 위험에 대처하기 위해 늘 준비를 게을리하지 않았던 것이지요.

  재능이 있는 사람은 종종 다른 사람들로부터 배척과 비난을 받곤 합니다. 그래서 똑똑한 사람은 복잡한 상황을 현명하게 살펴 겸손할 줄 알아야 합니다. 자신의 능력을 과하게 드러내지 않으면서 지향하는 바를 꿋꿋이 지켜내야 합니다. 참는 법도 배우고 다분히 겸손한 태도로 처세하는 법도 배워야 합니다. '꽃은 반쯤 피는 것이 좋고, 술은 살포시 취하는 게 좋다'는 이치를 늘 마음에 간직하고 있어야 하지요. 겸손하게 처신하고 신중하게 능력을 발휘하는 것이 처세의 큰 지혜입니다.

사람은 옛날 동전 모양처럼
겉은 둥글되 속은 네모져야 한다

겉으로는 온화하고 융통성 있게 행동하더라도
속으로는 자신만의 곧은 원칙을 세우고 있어야 한다.

교육자 황옌페이黃炎培는 "사람은 동전 모양처럼 겉은 둥글되 속은 네모져야 한다"라고 했습니다. 둥근 겉모양은 외적인 것으로, '융통성'을 의미합니다. 네모지게 구멍난 안쪽은 내적인 것으로, '마음'을 뜻합니다. 주로 사람이 일을 처리하는 이치를 비유할 때 사용하는 말로, 내적으로는 마음을 잘 지키고 자신의 원칙과 입장을 견지해야 하는 반면, 외적으로는 융통성을 발휘해 상황에 따라 자세를 낮추고 외부 세계에 적응하도록 해야 한다는 것입니다. 흡사 잉어가 몸을 구부리는 것이 용문을 뛰어넘기 직전의 준비이고, 치타가 몸을 구부리는 것이 쏜살같이 달리기 전의 준비인 것과 같은 이치입니다.

사회생활을 할 때 원칙과 융통성을 잘 활용하는 사람은 민첩하고 노련하게 일을 잘 처리합니다. 절대 개인의 감정에 좌우되지 않습니다.

정세를 잘 살펴 물러나기도 하고, 허리를 굽히며 힘을 축적하기도 합니다. 그렇게 '출전'의 기회를 모색하지요. 또한 현재 상태를 유지하면서 내부의 진영을 공고히 하는 전략을 취해 앞으로 닥쳐올 변화를 냉정하게 관찰하고 대응할 방법을 찾습니다. 원칙과 융통성을 적절히 취하면서요. 그렇게 하면 자기가 원하는 대로 일을 꾸려나갈 수 있습니다.

샤먼廈門 대학교의 이중톈易中天 교수는 저서《이중톈, 중국인을 말하다閑話中國人》에서 '인생에서 꼭 갖추어야 할 세 가지'를 언급했습니다. 감정을 통제해 지나친 행동을 하지 않도록 하고, 허리를 굽힐 줄 알아야 하며, 당당히 고개를 들어 올릴 수 있어야 한다는 것입니다. 이 세 가지에는 융통성 있는 처세와 자기만의 원칙을 굳게 지키는 일 처리의 본질이 잘 담겨 있습니다.

사각형은 사람이 지녀야 할 바른 태도이면서 곧은 원칙입니다. 원형은 일을 처리하는 수단이면서 구부릴 줄 아는 기교입니다. 처신을 할 때는 반드시 원칙 안에 유연성이 내포되어 있어야 하고, 유연성 속에는 원칙이 포함되어 있어야 합니다. 그래야 어려움을 덜 겪습니다. 융통성은 있지만 원칙이 없으면 사람들에게 묻혀버리고, 원칙은 있으나 융통성이 없으면 외골수로 외로워집니다. 일을 잘해내고 싶다면 먼저 융통성과 원칙의 조화를 이뤄내야 합니다.

평범한 돌멩이도
귀하게 여기면 가치가 높아진다

다른 사람이 어떤 시선으로 어떻게 대하는지는 큰 문제가 아니다.
그보다 자기 자신이 스스로를 존중하고 비하하지 않는 것이 더 중요하다.

자신을 가장 잘 아는 사람은 누구일까요? 가장 소중하게 생각해야
하는 사람은 누구일까요? 바로 자신입니다. 그런데도 우리는 다른 사
람의 평판을 더 중요하게 생각할 때가 많습니다. 다른 사람이 업신여기
고 하찮게 대한다고 해서 자신조차 스스로를 가볍게 여기고 천대한다
면, 세상 그 어떤 사람도 당신을 존중하거나 돕지 않을 것입니다.

어려서부터 고아원에서 자란 아이가 있었습니다. 항상 우울하게 지
내던 그 아이가 어느 날 원장 선생님께 이런 질문을 했습니다. "저처럼
아무도 원하지 않는 아이가 더 살아봐야 무슨 의미가 있을까요?" 그 말
에 원장 선생님은 가만히 허리를 숙여 땅바닥에서 흔하디흔한 돌멩이
하나를 집어 들었습니다. "내일 아침에 이 돌을 청과물 시장에 가져가

서 한번 팔아보렴. 하지만 정말로 팔아버려서는 안 돼. 사람들이 얼마를 준다고 해도 절대로 팔면 안 된다. 알았지? 명심해!"

이튿날 아이는 돌멩이를 팔기 위해 청과물 시장 한 구석에 쪼그리고 앉았습니다. 그런데 뜻밖의 일이 벌어졌습니다. 꽤 많은 사람들이 돌의 가격을 물어보는 것이었습니다. 게다가 그들이 부르는 가격은 시간이 흐를수록 올라갔습니다. 고아원으로 돌아와 아이는 신이 나서 말했습니다. "이렇게 평범한 돌멩이인데도 사람들이 후한 값을 주고 가져 가려고 했어요!" 원장 선생님은 가만히 웃으며 아이에게 내일은 그 돌을 금 시장에 가져가서 다시 팔아보라고 했습니다.

아이는 시키는 대로 했습니다. 그런데 그곳에서는 청과물 시장보다 열 배나 높은 가격을 제시하면서 돌멩이를 사겠다는 사람도 있었습니다. 역시 신이 나서 돌아온 아이에게 원장 선생님은 다시 한번 돌멩이를 보석 시장에 가지고 가서 팔아보라고 했습니다. 놀랍게도 그곳에서 돌멩이의 값은 그 전날보다 열 배나 높게 뛰어올랐습니다. 아무리 해도 아이가 팔지 않자 그 돌멩이는 '희귀 보물'로 입소문이 난 것입니다.

이처럼 돌멩이를 팔기 위해 시장을 오가는 동안, 아이는 그 돌멩이를 팔며 자신에게 잠재해 있는 가치를 스스로 깨닫게 되었습니다.

어쩌면 우리의 가치는 소년이 팔던 돌멩이와 같을지도 모릅니다. 각각의 환경에서 제각각의 의미를 지니게 되는 것처럼 말이지요. 보잘것없는 평범한 돌멩이였지만 주인이 아껴주자 이윽고 가치가 올라가고

'희귀 보물'까지 됐습니다. 만약에 지금 더 이상 떨어질 곳 없는 밑바닥에 놓여 있는 것만 같다면, 당신은 혹시 이 돌멩이와 같은 처지가 아닐까요? 스스로를 소중하게 생각하고 귀하게 여겨야만 그 안에 의미와 가치가 깃들게 되는 법입니다. 그리고 다른 사람들도 그 가치를 인정해 주게 됩니다.

노력보다 중요한 것은
신중한 선택이다

오늘의 인생은 몇 년 전 자신이 택한 결과다.
이후의 인생은 오늘 어떤 선택을 했는지에 달려 있다.

　나폴레옹은 자기 능력을 가장 잘 드러낼 수 있는 군 생활을 선택함으로써 코르시카의 촌뜨기에서 위대한 최고사령관이 되었습니다. 빌 게이츠는 학업 중단을 선택하고 회사를 창업해 세계 최대 소프트웨어 왕국의 전설이 되었습니다. 이렇듯 운명은 결국 자신의 선택에 따라 결정됩니다. 바른 선택은 위인을 만들어내고, 그른 선택은 '한 번 잘못으로 평생을 후회'하게 만듭니다. 선택은 운명의 향방을 결정할 뿐만 아니라 한 개인에게 기쁘고 행복한 일생을 선사하기도 합니다.

　성공으로 가는 길은 무수히 많습니다. 하지만 우리의 삶은 일방통행로와 같습니다. 한번 앞으로 나아가면 되돌아갈 수 없기 때문입니다. 혹여 결말이 마음에 들지 않는다고 뒤집어엎고 다시 시작할 수 없습니다. 그래서 인생을 시작하는 단계에서는 방향을 결정하기 전에 반드시 마음을 가다듬고 신중하게 잘 생각해야 합니다. 지금 내린 선택이 과연 내 삶을 옳은 방향으로 이끌어줄지를 말입니다. 그래야 인생의 끄트머리에서 '이렇게 될 줄 몰랐지!'라며 한숨 쉬는 일을 줄일 수 있습니다.

부지런한 청년이 있었습니다. 그 청년은 사회를 향해 첫 발을 내디디면서 이런 생각을 했습니다. 여러 분야에서 주변 사람들보다 훨씬 강해져야겠다고 말이지요. 청년은 그 다짐대로 다년간 노력을 기울였습니다. 하지만 능력은 쉽게 향상되지 않았습니다. 깊은 고민에 빠져 있던 청년은 현자를 찾아가 가르침을 청하기로 했습니다.

청년을 맞이한 현자는 세 명의 제자를 불러 이렇게 말했습니다. "너희들 저 분을 모시고 산에 다녀오너라. 각자 생각에 가장 만족스러운 땔감 한 짐을 해오고." 제자들은 그 청년을 데리고 물살이 센 강을 건너 산으로 갔습니다.

청년과 제자들이 열심히 땔감을 모으는 동안, 현자는 제자리에서 그들을 기다렸습니다. 얼마 후 이마에 땀범벅을 한 청년이 가쁜 숨을 몰아쉬며 땔감 두 묶음을 지고 비틀거리며 돌아왔습니다. 두 명의 제자도 멜대에 땔감 여섯 묶음을 걸고 앞서거니 뒤서거니 하며 뒤이어 도착했습니다. 이때 강에서 뗏목 하나가 그들을 뒤쫓아 내려와 현자 앞에 멈춰 섰습니다. 뗏목 위에는 막내 제자가 타고 있었고 땔감 여덟 묶음이 실려 있었습니다.

청년과 먼저 도착한 두 제자는 서로를 쳐다만 볼 뿐 아무 말도 할 수가 없었습니다. 유일하게 뗏목을 타고 왔던 막내 제자만 스승과 태연하게 마주했습니다. 상황을 지켜본 현자가 물었습니다. "어떤가? 지금 자신들이 취한 행동에 만족하는가?" "스승님, 저희에게 한 번만 더 기회를 주십시오!" 청년이 요청했습니다. "저는 처음에 여섯 묶음을 했습니다. 그런데 땔감을 메고 오던 도중에 도저히 힘에 부쳐 다 가지고 올 수가 없었습니다. 그래서 두 묶음을 버렸습니다. 다시 한참을 걷다 보니 또 숨이 차서 두 묶음을 더 버려야만 했습니다. 결국 저는 이 두 묶음만 메고 올 수밖에 없었지요. 하지만 선생님, 저는 제가 할 수 있는 노력은 다 했습니다."

이번에는 두 제자가 나섰습니다. "처음에 우리 둘은 각자 땔감 두 묶음씩을 마련했습니다. 총 네 묶음을 멜대에 앞뒤로 걸고 저 분 뒤를 따라 왔습니다. 저와 아우는 땔감을 번갈아 지고 왔기 때문에 힘들지도 않았고, 훨씬 수월하기까지 했습니다. 그러다 보니 저 분이 버리고 간 땔감까지 더 메고 올 수 있었습니다."

이어서 뗏목을 타고 내려온 막내 제자가 말했습니다. "저는 키가 작고 힘도 약해서 두 묶음을 지는 것은 말할 것도 없고 한 묶음 지는 것도 버거웠습니다. 땔감을 메고 멀고 험한 길을 걷는 것은 불가능했습니다. 그래서 수로를 이용하는 방법을 선택했습니다. 그렇게 한 번에 땔감 여덟 묶음을 운반했습니다."

현자는 칭찬을 담은 눈길로 세 제자를 훑어보았습니다. 그런 뒤 청년의 어깨를 두드리며 간결하고도 의미심장한 말을 건넸습니다. "사람은 누구나 자신만의 길을 가야 하네. 그런데 핵심은 길을 가는 그 자체가 아니라 어떻게 가느냐일세. 다른 사람이 뭐라 하건 내 길을 가면 되네. 그건 아무런 잘못이 없어. 하지만 문제는 그 길이 얼마나 정확한지라네. 이 보시게, 젊은이! 노력도 중요하지만, 선택 또한 중요하다는 점을 잊지 않았으면 좋겠네."

자신의 결점을 드러내
상대의 경계를 허물어라

진짜 현명한 사람이라면
'오점'조차 삶의 도구로 활용할 수 있어야 한다.

칼로 단단한 금을 자를 수는 있습니다. 그러나 물은 칼로 아무리 내리쳐도 아주 작은 흔적조차 남기지 않습니다. 사회생활을 할 때는 이 물처럼 유연한 태도를 지닐 필요가 있습니다. 경우에 따라서는 자신을 낮출 줄 아는 지혜도 갖춰야 합니다.

한나라 때 한신韓信이 관중關中에서 반란을 꾀하자 여후呂後(유방의 황후)가 소하蕭何(유방의 참모)의 계책을 이용해 한신을 살해하려 합니다. 이에 전선에서 전쟁을 평정하고 있던 유방劉邦은 사자를 보내 소하를 재상에 봉하며 오천 호의 봉토를 내리고 오백 명의 경비대를 보냈습니다.

사람들은 모두 소하를 축하했습니다. 그러나 단 한 사람, 애도의 뜻을 표하는 이가 있었습니다. 바로 진평陳平이라는 인물입니다. 진평은 소화에게 이런 말을 했습니다. "당신의 재난은 이제부터 시작될 것입니다. 황제는 밖에서 모진 고생을 하고 있는데, 당신은 안에서 활과 돌의 재앙은 전혀 받지 않은 채 봉토만 늘리고 있지 않습니까? 호위병이 늘어나는 이유는 현재 한신이 관중 지역에서 반역을 도모하고 있기 때문이기도 하지만, 당신에 대해서도 의구심을 품고 있기 때문입니다. 호위병을 둬서 호위하는 것은 당신을 아껴서 그런 것이 절대 아닙니다. 그러니 당신은 봉토를 사양하고 호위병도 받아들이지 마십시오. 그 대신 전부 개인의 재산으로 군사적 용도를 감당하십시오." 이 같은 진평의 계책을 소하가 따르니, 유방이 매우 흡족해했습니다.

또 어느 해의 가을이 되자 막포莫布가 반란을 일으켰습니다. 유방은 직접 군대를 지휘해 반란을 평정하고, 여러 차례 사자를 보내 소하에게 의견을 물었습니다. 이때 소하는 이런 말을 하려 했습니다. "지금 황제께서 친히 군을 지휘하고 계시니, 저는 후방에 남아 백성을 위로하고 격려하는 데 힘을 쏟겠습니다. 그리고 저희 집안의 재산을 가져다 군사적 필요를 충당하겠습니다. 마치 배신자 진희陳豨를 죽일 때와 같은 상황입니다."

그런데 이때 또 소하에게 가르침을 주는 이가 있었습니다. "당신 가문이 멸족을 당할 때가 다가오고 있습니다. 황상께서 여러 차례 의견을 물은 이유는 당신이 얼마 지나지 않아 관중에서 반역을 일으킬지도 모른다는 두려움 때문입니다. 그러니 이제 당신은 전답을 많이 사들이고 외상으로 물자를 구매함으로써 스스로를 위험에 빠뜨려보십시오. 이

렇게 하면 황상께서 분명 속으로 안심할 것입니다." 소하가 그 계책을
그대로 따르니 유방이 크게 기뻐했습니다.

　이처럼 소하는 '자신을 낮추는' 전략을 활용함으로써 여러 차례 재앙
을 피하고 자신을 보호했습니다. 현실에서 사람들은 늘 자신을 좋게만
포장하려 합니다. 그러면서 자기의 결점을 혹시나 누군가 알아버릴까
봐 전전긍긍합니다. 하지만 진짜 현명한 사람은 자신의 모자람을 드러
내는 데 주저하지 않습니다.

　직장에서든 사회에서든 당신의 상사는 자신의 위치를 지키려 애쓰
느라 자기 눈에 '멍청해' 보이는 사람에 대해서는 경계를 늦춰버리곤
합니다. 그런데 만일 당신이 누가 보더라도 '똑똑한' 부하로 비친다면
당신의 앞날에는 꽤나 골치 아픈 제재가 따를 것입니다. '너무 높은 공
을 세우면 그것이 도리어 군주에게 타격을 주어 의심하게 만들고, 독불
장군 행세를 하면 비방을 면하기 어렵다'고 했습니다. 그래서 높은 공
을 세웠더라도 명예에 대한 탐심을 꾹 참고 어떻게 하면 자신을 낮출
수 있을지를 고심해야 합니다. 그래야 화를 피해갈 수 있습니다.

　자신의 결점을 적정한 선에서 내보이면, 처지가 당신보다 못한 사람
은 의외로 평정심을 유지합니다. 그렇기 때문에 인간관계를 맺는 데 무
척 유익하게 작용합니다. 물론 결점을 드러낼 때는 상황에 맞는 적절
한 선택이 필요합니다. 당신이 지위가 높은 사람이라면, 상대에게 그간
자신이 사투를 벌여왔던 과정을 드러내 보여도 좋습니다. 사실 자신은

평범한 사람이지만 다른 사람보다 노력했기 때문에 그 위치까지 왔다고 말해주는 겁니다. 성공한 사람이라면, 실패를 겪었던 경험이나 현실적 번뇌를 많이 이야기해줌으로써 상대방에게 '성공의 어려움'이나 '성공한 사람들은 단번에 성공을 이룬 것이 결코 아니다'라는 귀감이 되는 메시지를 전달할 수 있습니다.

여기서 꼭 기억해야 할 점이 있습니다. 완벽하고 결점이라고는 전혀 찾아볼 수 없는 사람은 뭇사람들의 시기와 질투의 대상이 되고, 한없이 멀게 느껴집니다. 만일 주위 사람들이 당신과 거리를 두고 있다면, 그것은 좋지 않은 일이 곧 일어나리라는 증거일 수도 있습니다. 따라서 똑똑한 사람은 일부러라도 약간의 결점을 드러냅니다. 물론 자신에게는 별로 중요하지 않은 결점일 것입니다. 하지만 그 이야기를 들은 사람들은 언제든 당신을 수월하게 붙잡을 수 있다고 생각하게 될 것입니다. 그것이 바로 가장 안전한 상태입니다.

당연한 말이지만, 이때 치명적인 결점은 절대로 드러내 보여서는 안 됩니다. 당신이 드러내 보이는 결점은 어디까지나 다른 사람들과 넉넉히 친밀해지도록 다리 역할을 해주는 정도면 충분하다는 점을 잊지 말기 바랍니다.

현명함은 드러나는 것이지
드러내는 것이 아니다

타인에게 자신의 지혜를 의도적으로 공공연히 드러내면,
그 지혜를 제대로 발휘할 기회조차 잃게 된다.

청말의 정치가 쩡궈판曾国藩은 이런 말을 했습니다. "군자는 몸에 이利器를 지니고 있다가 때가 되면 그것을 사용한다." 섣불리 자신의 재능을 다른 사람에게 내보이지 않고 재능을 펼칠 적당한 기회를 기다린다는 뜻입니다.

재능을 신중하게 사용하고 적절하게 허리를 굽힐 줄 아는 사람이야말로 진정으로 현명한 사람입니다. 능력 있는 사람은 애써 다른 사람의 이목을 끌려 하지 않으며, 헛된 명성을 얻으려고도 하지 않습니다. 그들은 가만히 중요한 시기를 기다렸다가 지혜를 드러냄으로써 사람들이 전혀 다른 시선으로 자신을 바라보게 만듭니다.

중국 삼국시대의 정치가인 방통龐統은 추한 외모에 성격까지 괴팍해 사람들의 호감을 얻지 못하는 인물이었습니다. 그는 먼저 오나라로 찾아갔는데 손권孫權은 외모만 보고 판단해 그를 기용하지 않았습니다. 그다음으로 유비를 찾아 길을 떠났습니다. 떠나기 전 공명孔明이 방통에게 추천서 한 통을 써주면서 유비가 이 추천서를 보면 분명히 기용해줄 것이라 말했습니다.

하지만 방통은 성격이 꼿꼿한 사람이었습니다. 인맥을 이용해 뒷문으로 들어가거나 낙하산을 타는 행동을 몹시 혐오했습니다. 그런 그였기에 유비를 만났을 때에도 끝내 공명의 추천서는 보여주지 않았습니다. 유비는 사람 보는 눈이 있었지만, 어느 정도는 외모를 보고 사람을 뽑는 경향이 있었습니다. 그래서 중책은 차마 맡기지 못하고 우선 그를 보잘것없는 작은 시골 마을로 보냈습니다. 그러나 이런 대우에도 방통은 전혀 개의치 않았습니다. 그저 재능을 펼칠 절호의 기회가 오기만을 기다렸습니다.

유비는 장비를 보내 방통이 어떻게 일하고 있는지를 살펴보게 했습니다. 장비가 시골 마을로 찾아가 보니, 방통은 정사를 돌보지 않고 하루 종일 음주를 즐기며 토지에 대한 조세 관련 소송은 내팽개쳐 놓고 있었습니다. 이에 장비는 머리끝까지 화가 나서 방통에게 당장 일어나 관아로 가서 안건을 심리하라고 명령을 내렸습니다. 그러자 방통은 두말없이 오랜 기간 묵혀 두었던 안건들을 반나절이 채 지나기도 전에 깔끔하고 분명하게 처리해버렸습니다.

이런 방통의 재능과 학식을 눈앞에서 목격한 장비는 그를 존경할 수밖에 없었습니다. 장비는 그 같은 상황을 유비에게 바로 보고했고, 유비는 자신이 사람을 제대로 살펴보지 못했음을 깨달아 곧바로 그를 곁으로 불렀습니다. 그제야 방통은 공명의 추천서를 꺼내 보였고, 유비는 그에게 중책을 맡겼습니다.

이처럼 일을 할 때는 방통처럼 숨길 때 숨기고 드러낼 때 드러낼 줄 알아야 합니다. 그래야 큰일을 이룰 수 있습니다. 지혜는 사용하는 것이지 자랑하는 것이 아닙니다. 목표가 분명한 사람들은 근본적으로 일반 사람들의 칭찬이나 무시를 크게 마음에 두지 않습니다. 그들의 자신감은 내면에서 나옵니다. 평상시에는 생각을 겉으로 드러내지 않아 어리숙해 보일 수도 있습니다. 그러나 힘을 비축해두면 중요한 시기가 되었을 때 단번에 놀랄 만한 성취를 거둘 수 있습니다. 사회에서 성공적으로 생존하고 싶다면 이런 지혜를 배워둬야 합니다.

상대를 막다른 골목까지
몰아넣지 말라

천 명의 적을 제거하기 위해
아군 팔백 명을 잃는 어리석은 행동은 하지 말라.

심보가 고약한 사람을 추려내고 인격적으로 덜 성숙한 사람을 배제할 때에도 요령이 필요합니다. 그들 스스로 자신의 행동을 뉘우치고 새사람이 될 여지를 남겨주어야 하는 것이지요. 만일 그러한 여지조차 주지 않는다면, 그것은 흡사 쥐를 막다른 골목까지 몰아버리는 것과 같습니다. 궁지에 몰린 쥐는 주변의 모든 것들을 죄다 물어뜯어 못 쓰게 만들어버립니다.

옛말에 '토끼도 급하면 사람을 문다'고 했습니다. 토끼는 본래 아주 온순한 동물이어서 부득이한 경우가 아니면 반격하지 않는데, 막다른 길로 몰리면 반항한다는 것입니다. '물에 빠진 개라도 때려서는 안 된다'는 말 역시 같은 이치에서 나온 말입니다. 그런 개도 급해지면 튀어올라 당신을 물어버릴 수 있으니까요. 또한 막다른 골목에 갇힌 도둑도 그 이상 쫓아서는 안 됩니다. 궁지에 몰려 최후의 발악을 하다가 결국 해를 입힐 수 있기 때문입니다.

처세를 할 때는 이런 기본을 잘 알고 있어야 합니다. 상대방에게 어느 정도는 활로를 열어주는 것이 결국에는 훨씬 이득일 것입니다. 혹자는 남의 어려움을 이용해 해를 가하거나 아예 몰살시키려고도 합니다. 결과는 어떻게 될까요? 상대방은 절대로 몰살되지도 않거니와 도리어 가혹하게 처신했던 자신의 입지만 좁아질 것입니다.

후한의 장군 두고竇固가 군대를 이끌고 있을 때였습니다. 흉노족이 수확기를 틈타 백성들의 양식을 약탈하기 위해 드센 기세로 사막 깊숙한 곳에서부터 질주해왔습니다. 당시 흉노족의 기마병은 매우 강하고 용맹스러운 것으로 이름이 높았습니다. 그들이 관내로 막 들어서려 하자, 두고의 군대가 산골짜기 하나를 완전히 에워쌌습니다. 그들은 산골짜기 양측의 출구를 물샐틈없이 둘러막고는 내부를 향해 수십여 차례 끊임없이 공격을 퍼부었습니다. 그런데도 흉노족을 완전히 몰살하지는 못했습니다. 한편, 흉노족들은 둥글게 진영을 짜고 바위 뒤에 숨어 밖을 향해 연신 활을 쏘아댔습니다. 그러자 골짜기 입구에서 공격하고 있던 한나라 군대의 병사들이 계속해서 목숨을 잃고, 그들의 시체가 쌓여갔습니다.

이런 상황을 지켜보던 두고는 부하에게 한쪽 출구에서는 그대로 공격을 계속하고, 다른 한쪽은 병사들을 철수해 비워두라고 명령을 내렸습니다. 부하는 두고의 명령이 도무지 납득이 되지 않았습니다. "장군님! 적군은 지금 겹겹의 포위망에 둘러싸여 있어 독 안에 든 신세입니다. 게다가 그 수도 고작 오백 명뿐입니다. 며칠만 더 공격을 퍼부으면 분명 전멸할 것입니다. 그런데 왜 저들에게 살 길을 열어주려 하는 겁니까?"

"살 길을 열어주려는 게 아니다." 두고가 말을 이었습니다. "지금 저들에게는 퇴로가 없지 않느냐. 그러니 모두 필사적으로 전진할 것이고 목숨을 건 사투를 벌일 것이다. 게다가 골짜기 내부에는 초목도 무성하고 수원도 풍부하다. 이래서야 쉽게 전멸하겠느냐. 이렇게 시간을 끌다가는 승리를 거두더라도 우리 쪽 역시 사상자가 많이 나올 수밖에 없다. 차라리 저들에게 퇴로를 열어주고 추격하면서 전멸시키는 것이 나을 것이다."

두고의 말처럼 흉노족 부대는 앞뒤로 꽉 막혀 있던 산골짜기에서 활로가 보이자 필사적으로 그쪽을 향해 도주하기 바빴습니다. 마치 화살에 놀란 새처럼 대형은 흩어졌고 혼란스러워졌습니다. 뒤돌아 한나라 군대와 필사적으로 싸우려 하는 병사는 아무도 없었습니다. 이때 두고가 이끈 한나라 기병이 후방에서 일정한 거리를 유지한 채 끊임없이 전진하며 그들을 공격했고, 그렇게 하루가 채 되지 않아 침입자들을 모두 소탕할 수 있었습니다.

이렇듯 경쟁자를 막다른 길로 몰아넣고 한 줄기 희망마저도 보지 못하게 한다면, 그들은 결사의 각오로 싸움에 임할 것입니다. 경쟁에 뛰어든 개개인은 모두 사나운 법입니다. 그들은 모두 마지막까지 안간힘을 쓰게 됩니다. 누구나 이기기를 희망하지만, 그게 그렇게 쉬운 일이 아닙니다. 설령 마지막에 승리를 얻게 된다 하더라도 그때는 이미 엄청난 대가를 치른 상태일 것입니다. 얻은 만큼 잃은 것도 많다면 반쪽 승리일 뿐입니다.

이것은 일과 삶에서도 마찬가지입니다. 사회에서 우리는 각양각색의 사람들을 만나는데, 그중 수많은 사람이 약점과 과오를 가지고 있습니다. 그런데 만약 그것을 알게 된 당신이 약점을 틀어쥐고서는 그들을 조금씩 압박하면서 공격하고 체면을 완전히 구겨놓고 퇴로를 전혀 열어주지 않는다면 어떻게 될까요? 그러면 상대방은 어차피 더 잃을 것이 없으므로 끝까지 맞서려 들 것입니다. '너 죽고 나 죽자'는 식으로 말입니다. 약점을 이용하면 한순간은 그 사람을 당신 발아래 꿇릴 수 있습니다. 하지만 결국에는 당신의 평판에 악영향을 끼쳐 인맥을 넓히는 데에도 불리한 결과를 초래할 수 있고, 사업에도 좋지 않은 영향을 미칠 수 있습니다.

절대 상대방을 막다른 길로 몰아넣지 마십시오. 처세의 가장 기본적인 원칙입니다. 별 문제 없는 사소한 실수에 대해서는 너그럽게 실수를 만회할 여지를 남겨주면 됩니다. 필요하다면 상대방의 실수를 숨겨줄 수도 있습니다. 이렇게 하면 상대방은 당신에게 진심으로 감동하게 될 것이고, 더 나아가 많은 사람들의 흔들리지 않는 지지를 받을 수 있게 될 것입니다.

계란으로 바위 칠
필요는 없다

인내할 줄 모르는 사람은 마치 아이가 나뭇가지를 휘두르듯이
자기 자신을 휘두르다가 결국 벼랑 끝까지 내몰게 된다.

'계란으로 바위 치기'라는 말이 있습니다. 주제를 모르고 자신을 과
대평가한 나머지 무모한 행동을 하는 경우를 뜻합니다. 도저히 이길 수
없는 강력한 경쟁자를 만나거나 열세에 처했을 때에는 괜한 자존심에
강경한 태도로 맞설 것이 아니라, 전진을 거두고 양보할 줄도 알아야
합니다. 일시적으로 머리를 숙임으로써 훗날의 발전이나 재기를 도모
할 수 있다는 것입니다. 물러날 때를 가리지 못하고 그대로 달려가 무
조건 부딪친다면, 참패의 고배를 마신 뒤 더 이상 회복할 기회를 갖기
어렵게 됩니다.

하지만 많은 사람들이 목표 달성을 위해 노력하는 과정에서 이런 이
치를 잘 모르고 있습니다. 특히 청년들의 경우에는 뜨거운 혈기가 화근
이 되기도 합니다. 상대방이 아무리 강하더라도 절대 물러서려고 하지

않습니다. 이런 행동이 영웅처럼 느껴질 수는 있겠지만, 되레 아직 미성숙하다는 이면을 보여주는 꼴이 될 때가 더 많습니다. 큰 임무를 감당하지도 못하고 큰일은 더더욱 이룰 수 없는 실정을 고스란히 드러내는 무모한 행동입니다.

당나라 때 적인걸狄仁傑이라는 유명한 신하가 있었습니다. 당시 측천무후는 물 만난 물고기처럼 권력을 독점하고 있었습니다. 그럴 수 있었던 핵심 요인은 상황에 따라 즉시 '고개를 숙이는' 이치를 잘 알고 있었기 때문입니다. 측천무후는 권력을 독점한 뒤 자신이 황제가 되는 길을 트기 위해 조카인 무삼사武三思나 내준신來俊臣 등 폭정을 일삼는 관리들을 중용했습니다. 그러자 순식간에 경직되고 공포스러운 사회 분위기가 조성되고 말았습니다.

한번은 어느 부패한 관리가 적인걸 등 여러 인물이 역모를 꾀한다는 모함을 했습니다. 이에 내준신은 먼저 적인걸을 잡아다 감옥에 가둔 뒤 측천무후에게 글을 올려 자백을 받도록 명을 내려 달라고 했습니다. 급작스럽게 감금된 적인걸은 아내에게 미처 상황 설명도 하지 못한 데다 측천무후를 직접 마주하고 사실을 설명할 기회도 갖지 못했습니다. 그렇게 되니 속으로 마음을 졸일 수밖에 없었습니다.

심문 당일, 내준신이 자백을 강요하는 조서를 낭독하자마자 적인걸은 땅에 납작 엎드려 용서를 구했습니다. 한사코 이마를 땅에 조아리고 입으로는 쉴 새 없이 사죄를 고하는 것이었습니다. "죄인 죽어 마땅하옵니다. 죄인 죽어 마땅하옵니다! 대 주나라는 만물을 새롭게 바꾸었는데, 신은 여전히 이렇게 당나라 황실의 낡은 신하로 남아 있습니다. 그러니 소인 처형되어 마땅합니다." 적인걸이 지체 없이 자백하자, 내준신은 "역모를 꾀함은 사실이나 죽음은 면하게 됐으니 처분을 기다리라"는 판결을 내리고 감옥에 가두어 두었습니다.

이때 판관 왕덕수王德壽가 적인걸을 찾아와 "당신이 재상 양집유楊執柔를 반역의 무리에 끌어들여 준다면 어떻겠습니까?"라고 회유했습니다. 이 기회에 재상을 제거하고 자기가 그 자리를 차지하기 위함이었습니다. 이에 적인걸은 "내 어찌 그런 비열한 짓을 할 수 있겠습니까?"라며 왕덕수를 물리치고는 곧장 중앙의 버팀목으로 돌진했습니다. 거기에 머리를 부딪치니 순식간에 얼굴은 피범벅이 됐습니다. 상황을 목격한 왕덕수는 놀란 마음에 급히 달려가 그를 일으켜 세우고는 바로 옆의 사랑채에서 쉬게 했습니다. 왕덕수가 나가자 적인걸은 얼른 손수건을 꺼내 몸에 묻은 피로 자신의 억울함을 적었습니다. 그러고는 솜옷의 안쪽을 뜯어 그 속에 손수건을 넣어 감추었습니다.

적인걸은 그 옷을 왕덕수에게 주며 "피가 너무 많이 묻어 입을 수가 없으니, 빨아서 다시 가져다 달라고 저희 집에 보내주십시오"라고 부탁했습니다. 왕덕수에게 옷을 전해 받은 적인걸의 가족은 옷 속에 있던 혈서를 발견하고는 곧바로 측천무후에게 상소를 올렸습니다. 적인걸이 쓴 혈서를 본 측천무후는 사건의 진상을 파악하고 그를 석방하며 이렇게 물었습니다. "그대는 누명을 썼는데도 어째서 반역을 꾀했다고 인정했는가?" 적인걸은 이렇게 답했습니다. "제가 만일 그 자리에서 인정하지 않았다면 잔혹한 형벌을 받고 이미 죽었을 것입니다." 그 말에 측천무후는 적인걸의 속내를 바로 알 수 있었습니다. 적인걸이 목숨을 보전하기 위해 어쩔 수 없는 상황에서 택한 전략이라는 것을 말입니다.

적인걸의 일화는 강한 상대 앞에서는 억세고 솔직한 성격을 자제하라는 조언을 해주고 있습니다. 그런 사람 앞에서는 즉시 발걸음을 멈추고 고개를 숙일 줄 알아야 합니다. 그래야 자신을 보호하면서 훗날의 큰 발전을 기약할 수 있습니다. 우회할 줄 모르고 강함에 강함으로 맞서면 손해만 보게 됩니다. 역전이 가능했던 기회마저도 수포로 돌아갈 수 있습니다.

청년들에게 시기적절한 양보나 자세를 낮추는 전략은 꼭 필요합니다. 특히 상사와의 관계에서 생긴 문제를 해결할 때는 달걀로 바위 치기 식의 행동은 자제해야 합니다. 부하 직원이 상사에게 대들 때는 자신도 모르게 과격한 말을 내뱉을 수 있고, 그것은 상사의 권위와 체면을 손상시키는 결과를 낳아 돌이킬 수 없는 상황을 만들 수 있습니다. 힘을 기르지 않고, 철저하게 전략을 세우지 않은 채 무모하게 덤벼든다면 결국 깨지는 것은 자기 자신뿐입니다.

세상은 누구에게나
공평하게 불공평하다

세상은 애초에 불공평하다. 공평하지 않음을 탓할 시간에
세상을 조금이라도 공평하게 만들도록 노력하라.

사람들은 저마다 공평과 평등이 당연한 원칙이라고 생각합니다. 그러면서 노력하기만 하면 공평과 평등한 세상에서 그에 상응하는 대가를 얻을 수 있다고 생각합니다. 그러다 보니 갑작스럽게 자신이 어쩌지 못하는 불공평하고 불평등한 상황에 직면하면, 분노하고 원망하며 걱정하고 실망하게 됩니다. 하지만 우리가 알아야 할 것이 있습니다. 불공평과 불평등은 원래 생활의 본질적 모습이자 대자연의 규칙이라는 점입니다. 그러니 현실 속에서 평온과 즐거움을 누리고 싶다면, 최대한 빨리 이런 사실을 인정해야 합니다.

이제 막 학교를 졸업한 청년이 있었습니다. 졸업을 하고도 계속 취직을 못 하자 한 현자를 찾아가 불평을 늘어놓았습니다. "현실의 삶은 정

말이지 너무 불공평합니다. 구직하려면 두 가지 길밖에 없더라고요. 졸업장을 가지고 회사 문 앞으로 들어가서는 생판 모르는 사람에게 고개를 조아리든가, 아니면 돈이나 선물을 들고 뒷문에서 익숙한 얼굴을 보든가요. 정말 화가 나는 일입니다!"

현자는 청년의 말을 듣고 있다가 미소를 지으며 말했습니다. "공평? 무엇을 보고 공평이라고 하는가? 자네 지금 당장 그 두 글자를 써서 내게 보여주게." 청년은 현자의 말을 이해할 수 없었습니다. 어쨌든 종이에 '공평公平'이라는 두 글자를 쓰고 현자에게 건넸습니다.

그러자 현자는 종이를 건네받으면서 얼굴에 미소를 머금었습니다. "이것을 좀 보게. '공평'이라는 이 두 글자만 봐도 앞 글자는 총 4획, 뒷글자는 5획이 필요하지 않은가. '공평'이라는 글자를 쓰는 데에만도 공평하지가 않은데, 어떻게 '공평'을 공평하다고 말할 수 있겠나?"

청년은 말문이 딱 막혀버렸습니다. 그 일이 있은 뒤로 현실을 인정하고 다시는 원망하지 않았습니다.

불공평은 이 세상의 본래 모습입니다. 현실 속에서 당신이 애써 추구하는 공평은 흡사 신화나 전설 속에서나 나올 법한 신비한 경치나 보검처럼 절대로 찾을 수 없는 것입니다. 자연 속의 먹이사슬이 지닌 이치와도 같습니다. 큰 물고기가 작은 물고기를 잡아먹을 때 작은 물고기 입장에서는 불공평하니까요. 작은 물고기가 새우를 잡아먹으면 새우 입장에서는 역시나 불공평하다고 할 수 있습니다. 새우가 플랑크톤을 잡아먹는 것 역시 마찬가지고요. 대자연의 먹이사슬 하나하나가 이런 이치로 묵묵히 유지되고 있다는 점을 바로 보아야 합니다. 최정상에 있는 것은 육식류인 맹수이고 최고 밑바닥에 있는 것은 전혀 공격성이 없는 식물이나 미생물이라는 점을 말입니다. 잡아먹혀야 하는 운명 속에 살고 있는 생물을 놓고 과연 공평이나 불공평을 운운할 수 있을까요?

불공평과 불평등이 삶의 일상적인 모습이라면, 그것을 받아들일 줄 알아야 합니다. 불공평한 상황을 만났을 때 일단은 그 자체를 인정해야지 애써 부정하면 심리적으로 초조해질 수밖에 없습니다. 그리고 감당할 수 없는 고통과 고민이 엄습하게 됩니다. 초조해하고 불안해하면서 보내느니 차라리 일찌감치 현실을 인정하고 과도한 논쟁을 내려놓는 게 좋습니다. 스스로 최대한 빨리 행복을 찾는 겁니다.

또한 마음에 온통 불공평과 불평등에 대한 불만이 가득할 때에는 자문해봐야 합니다. '나는 정말 최선을 다했는가? 나는 자타공인 뛰어난 인재인가? 나는 일에 완벽을 기했는가?' 이런 자문을 하고 나면 이내 날뛰던 마음이 가라앉으면서 고민과 걱정에서 벗어날 수 있습니다.

타인을 돕는 것은 자신을 위한 퇴로를 마련하는 것과 같다

다른 이에게 퇴로를 열어주는 것은
자신에게 닥쳐올 문제를 미연에 해결하는 것과 같다.

이런 이야기가 전해집니다.

끝없이 펼쳐진 사막의 좌우 양 끝에 두 마을이 있었습니다. 한 마을에서 다른 마을로 가려면 사막을 돌아 최소한 쉬지 않고 한 달은 걸어야 도착할 수 있었습니다. 그런데 사막을 가로지른다면 딱 3일이면 됐습니다. 다만 사막을 가로지른다는 것은 실로 위험천만한 일로, 지금껏 그렇게 했던 사람 중에 살아서 돌아온 이는 아무도 없었습니다.

그러던 어느 날 한 지혜로운 이가 묘책을 내놓았습니다. 마을 사람들에게 백양나무 묘목을 수만 그루 마련하게 한 다음, 출발한 마을에서부터 맞은편 마을에 이르는 길까지 반 리里마다 계속 묘목을 심게 한 것입니다. 지혜로운 이는 사람들에게 말했습니다. "운 좋게 이 나무들이 모두 살아남는다면 당신들은 오롯이 이 나무만 따라가도 충분히 왕래할 수 있을 것입니다. 하지만 만약에 죽는 나무가 생긴다면, 이 길을 지나는 행인들이 그 말라버린 묘목을 뽑아서 다시 흙속에 깊이 꽂아 넣음으로써 표시를 해두면 될 것입니다. 그리한다면 사막에 날리는 모래 때문에 길을 잃고 파묻혀버리는 화는 면할 수 있을 것입니다."

지혜로운 이의 말대로 백양나무 묘목은 얼마 지나지 않아 작열하는 태양 때문에 말라 죽어버렸습니다. 하지만 그것만으로도 이정표 역할은 충분히 할 수 있었습니다. 사람들은 모두 그 '이정표'를 따라 걸었고, 순조롭게 수십 년 동안 사막을 횡단할 수 있었습니다.

그러던 어느 해 여름, 한 스님이 마을에 찾아와 탁발을 했습니다. 그러고는 곧이어 혼자서 반대편 마을로 탁발하러 가려고 했습니다. 그러자 마을에 있는 많은 사람들이 입을 모아 알려주었습니다. "스님, 사막을 건널 때 혹시 나무로 만든 이정표가 쓰러져 있다면, 반드시 다시 모래 깊숙이 꽂아주십시오. 파묻힌 이정표가 있다면, 역시 모래에서 빼내 다시 제대로 꽂아주십시오." 마을 사람들의 말을 들은 스님은 가죽 주머니에 담은 물과 비상식량 조금을 가지고 길을 나섰습니다. 걷고 또 걷다 보니 두 다리에 힘이 풀리고 온몸에 기운이 빠져버렸습니다. 짚신도 다 닳아서 금방이라도 구멍이 날 지경이었습니다. 그런데도 눈앞에는 여전히 끝없는 사막이 펼쳐져 있을 뿐이었습니다.

그러던 차에 모래와 먼지에 파묻혀 있는 이정표들을 만났습니다. 그때 스님은 생각했습니다. '나야 이번 한 번만 지나가면 끝인데, 파묻힐

거면 파묻히라지 뭐!' 그러고는 이정표를 그대로 두고 계속 걸어갔습니다. 조금 더 걷다 보니, 이번에는 폭풍 때문에 위태롭게 흔들리고 있는 이정표가 보였지만, 역시나 스님은 다시 세워주지 않았습니다.

한참을 더 가서 스님이 사막 한가운데로 들어설 때였습니다. 고요하던 사막에 갑자기 세찬 바람이 불어닥쳤고, 많은 이정표들이 모래 아래에 묻혀버렸습니다. 게다가 또 다른 많은 이정표들은 폭풍에 휩쓸려 날아가버렸습니다. 흔적조차 확인하지 못할 정도로 말입니다. 스님은 허둥지둥 이리저리 뛰어다녔지만, 이정표가 없어진 사막에서 빠져나올 길을 찾을 수 없었습니다. 죽음을 눈앞에 둔 스님은 그제야 '내가 만일 마을 사람들이 일러준 대로 했다면, 앞으로 나아가는 길을 찾지는 못하겠지만 돌아갈 퇴로는 보존할 수 있었을 텐데……' 하고 후회했습니다.

스님은 자기만 생각했습니다. 그 결과, 폭풍이 몰아치자 도와줄 사람 아무도 없이 혼자만 남게 되었습니다. 대부분의 경우에 타인을 도우면 그것이 결국에는 자기 자신을 돕는 것으로 되돌아옵니다. 하지만 오로지 자기 자신만 생각한다면, 결과적으로는 자신의 퇴로를 막아버리는 셈이 됩니다. 다시 말해 마음속 이기심을 버리고 다른 사람을 많이 도와주고, 또 다른 사람에게 여지를 많이 주라는 것입니다. 그렇게 해야 훗날 자신에게 도움이 되는 이익을 거둘 수 있는 법입니다.

뛰어난 적이라면 경쟁보다
벗으로 삼는 것이 낫다

혼자서는 헤어나올 수 없는 위험이라도
둘이 힘을 합치면 거뜬히 벗어날 수 있다.

사람은 자기가 가지고 있는 포부의 크기에 따라 그만큼 큰일을 해낼 수 있습니다. 사회적으로 경험을 쌓으며 성공한 인사들의 면면을 살펴보면 각자 드넓은 포부를 가지고 있었습니다. 그뿐만 아니라 '원수에게도 덕을 베풀고 적을 벗으로 삼을' 수 있는 넓은 아량까지 갖추고 있었습니다.

요즘같이 시장 경쟁이 치열한 상황에서 사람들은 세상 사람들을 모두 다 '경쟁자'로 여기기 쉽습니다. 그러므로 적을 벗으로 삼아 서로 이익을 누린다는 것은 그야말로 고도의 경쟁 전략이라 할 수 있습니다. 아무리 싫어하는 사람이라도 관계를 맺고 더불어 살고 협력하는 것입니다. '애초에 별로 좋아하지 않았던' 사람과 우호적으로 더불어 살 수 있게 됐을 때 당신의 능력은 수직상승하게 될 것이고, 갈수록 많은 기회들을 얻게 될 것입니다.

적을 벗으로 삼아 엄청난 성취를 이룬 고수들은 서로 경쟁을 벌이면 벌일수록 쌍방 모두 피해를 입을 것이라는 점을 알고 있었던 겁니다. 만약 적을 벗으로 돌려세울 수만 있다면, 시기적·지리적·인적인 우세를 모두 취할 수 있어 협력을 통해 새로운 세상을 열 수 있다는 사실을 알았던 것이지요.

류샤오는 졸업 후 곧바로 광고회사에 취직해 기획 일을 하게 됐습니다. 신입이라 기획 업무에 대한 경험이 전무하다 보니, 어쩔 수 없이 회사 내의 유명한 기획가인 장란의 기획을 모방했습니다. 그렇게 몇 개월 동안 노력하고 고생한 끝에 류샤오는 기획에 대한 자신만의 방식을 터득하게 됐습니다. 그리고 순조롭게 인턴 기간을 통과했습니다.

이후에도 끊임없이 노력해 류샤오는 빠르게 회사 내에서 실력 있는 기획가가 되었고, 내놓는 기획마다 고객들의 높은 평가를 받을 수 있었습니다. 하지만 처음 입사했을 때는 장란의 기획을 모방했다는 사실을 부끄러운 마음 때문에 쉽게 입 밖으로 내기가 어려웠습니다.

반면 장란은 그 같은 사실을 알고 있었으면서 한 번도 따진 적이 없었습니다. 되레 그녀는 광고업계 내부의 컨퍼런스 참가 요청을 받을 때마다 늘 앞서서 류샤오와 함께 동행했습니다. 그러던 어느 날, 류샤오가 용기를 내 장란에게 기획 모방 이야기를 꺼내자 미소를 지으며 이렇게 말했습니다. "류샤오 씨가 처음으로 기획안을 내놓았을 때 정말 깜짝 놀랐어요. 이 분야에 꽤 재능이 있다고 생각했죠. 모방은 그저 잠시 도움을 얻는 정도일 뿐 결국에는 류샤오 씨만의 새로운 방법을 찾게 될 것이라 믿었습니다." 장란의 이야기를 듣는 순간 류샤오는 뒤통수를 한 대 맞은 느낌이 들었습니다. "선배님께서 이렇게 마음을 넓게 써주셔서 제가 발전할 수 있었습니다. 선배님은 제 인생의 진정한 은사입니다."

양심의 가책을 느끼는 한 사람과 관용을 베푸는 한 사람, 이렇게 두 사람은 좋은 친구이자 비즈니스 파트너가 되었습니다.

다른 사람의 실수를 발견했더라도 시시콜콜 이치를 따져가며 나무라지 마십시오. 상대방을 사지로 몰아넣을 정도로까지 몰아붙여서는 안 됩니다. 관용적인 태도는 적을 협력자로 돌릴 수 있고, 자신의 인맥을 더욱 확장시킬 수 있습니다. 좋은 인맥을 만들기 위해서는 성질이 고약한 사람이나 싫어하는 사람이나 더불어 지내기 쉽지 않은 사람과도 함께 일할 줄 알아야 합니다.

함께하기 어려운 사람이나 심지어는 원수와도 친구 관계를 맺을 수 있다면 자신의 명예를 높일 수 있고 넉넉한 마음을 가졌다는 좋은 평판도 얻을 수 있습니다. 더욱 중요한 점은 이렇게 하면 다른 사람들이 미처 바라지도 못할 인맥 자원을 축적할 수 있고, 추진하는 일에서도 넓디넓은 성공의 길을 열 수 있습니다. 그리고 최종적으로는 사람들의 선망을 받는 자리에 오르게 될 것입니다.

쓰러진 나를 일으켜줄 사람은
결국 나 자신뿐이다

줏대 없이 비굴하게 굽실거리는 인생은 고달프지만,
자기 힘으로 이끌어나가는 인생은 즐겁다.

저명한 교육가 타오싱즈陶行知가 지은 〈자립의 노래自立人歌〉에 이런 가사가 나옵니다. "자기 땀을 흘려 밥을 먹고 자기 일은 스스로 해야 하네. 사람에 의지하고 하늘에 의지하고 조상에 의지하는 건 사내대장부가 아니지." 타인에게 의지하지 않는 사람만이 이 세상에서 올곧게 자립할 수 있습니다. 스스로 끊임없이 발전하는 사람만이 비로소 강한 의지를 가질 수 있고 노력한 결과로 성과를 이뤄낼 수 있습니다.

미국의 석유왕 아먼드 해머Armand Hamme는 스스로 일어서고 스스로 끊임없이 발전해갔던 사람입니다. 어려운 상황에 빠지기도 했지만, 타인의 도움이 아닌 자신의 힘으로 살아남아 큰 성공을 거두었습니다.

해머가 젊었을 때 실수를 해서 작은 마을로 도망친 일이 있었습니다.

이때 마음씨 좋은 사람이 그에게 음식을 건네주었는데, 그는 음식에 손도 대지 않은 채 자신이 뭔가 할 수 있는 일이 있느냐고 물었습니다. 마음씨 좋은 사람은 이해할 수가 없었습니다. 그러자 해머가 설명했습니다. "저는 일하지 않으면 먹지도 않습니다." 마음씨 좋은 사람은 하는 수 없이 그가 일할 만한 자리를 찾아주었습니다. 20년 뒤 해머는 노력에 노력을 거듭해 마침내 세계적으로 유명한 석유왕이 되었습니다.

어떤 상황에 처하든 타인에게 의존하기보다는 스스로 일어서고 끊임없이 발전하기 위해 노력해야 한다는 깨달음을 주는 이야기입니다. 설령 막다른 길에 다다랐더라도 끝까지 자기 힘으로 탈출구를 마련해 앞으로 나아가기 위해 노력해야 합니다. 고난 앞에서 뒷걸음질쳐서는 안 됩니다. 그런 노력을 통해 결국에는 인생 여정에서의 강자가 될 수 있습니다.

인생에서 혹시나 다음과 같은 환상을 꿈꿔본 적이 있는지 가슴에 손을 얹고 자문해볼 필요가 있습니다. 혹시나 주위의 친구들이 당신에게 좋은 직장을 제공해주었으면 좋겠다거나, 가족이 당신에게 편안한 환경을 제공해주었으면 좋겠다거나, 조건이 우월하게 좋은 애인을 만나 결혼해서 자신의 운명을 바꾸고 싶다거나, 귀인을 만나 성공으로 갈 수 있도록 도움을 받고 싶다거나 하는 환상 말입니다. 이런 환상의 결과가 과연 얼마나 당신의 바람대로 될지 생각해보기 바랍니다.

자신의 변화를 타인에게 의탁해서는 안 됩니다. 오로지 자기 자신에게만 의탁해야 인생의 강자가 될 수 있습니다. 어떠한 조건에서도 희망을 타인에게서 찾아서는 안 됩니다. 그러면 결국에는 실망하고 원망하고 고민에 휩싸이고 고통스러운 생활 속에 살게 됩니다. 자기 자신에게 가장 좋은 사람은 결국 자기 자신임을 기억해야 합니다. 또한 스스로를 잘 통제할 수 있는 사람만이 진정한 강자가 될 수 있고 견고한 행복의 성을 쌓을 수 있습니다. 혼자서도 설 수 없다면 그런 사람을 일으켜 세워줄 수 있는 사람은 아무도 없습니다. 자기 내면에 강한 힘이 존재하고 있다는 사실을 믿어야 합니다.

한번 선택한 길이라면
뒤돌아보지 말라

후회는 게으름뱅이의 핑계다.
후회할 바에는 자신만의 길을 스스로 만드는 것이 낫다.

살면서 자신이 내린 잘못된 결정이 오랫동안 마음에 걸려 과거로 돌아가 다시 한번 새로운 선택을 하고 싶다면, 이 말을 꼭 기억하기 바랍니다. '당신은 더 이상 어린아이가 아니다. 자신의 행동에 대담하게 책임을 져야 한다. 길은 스스로 선택한 것이고 뒤돌아볼 여지는 없다.'

현재의 당신은 이후의 일을 예측할 수 없고 그저 현재의 사람들과 일들에 대해서만 생각해볼 수 있다는 점을 알아야 합니다. 후회는 아무런 도움이 안 됩니다. 그저 마음만 심란하게 할 뿐입니다.

다음 작품은 당나라 말기 시인 이상은李商隱의 시 〈항아嫦娥〉입니다.

雲母屛風燭影深   운모 병풍에 촛불 그림자 깊어만 가고
長河漸落曉星沈   은하수도 점차 기울어 새벽별만 빛나네

嫦娥應悔偸靈藥　　항아는 영약 훔친 걸 후회하리니

碧海青天夜夜心　　바다처럼 푸른 하늘에서 밤마다 근심하네

시인은 항아가 불사약을 훔쳐 먹고 달나라로 달아나 고독한 나날을 지새우고 있다는 고사를 인용해 자신의 고독감을 묘사했습니다.

하지만 우리는 이 시에 등장하는 항아처럼 마냥 후회만 하고 살 수 없습니다. 일단 결정을 내렸다면, 반드시 그 결정이 옳다고 생각해야 합니다. 물론 선택한 길이 생각했던 것만큼 순조롭거나 평탄하지 않을 수 있습니다. 하지만 처음부터 순탄한 길만 걷는 사람이 있을까요?

우리는 대부분 다른 사람의 길이 훨씬 편할 것이라고 생각합니다. 다른 사람의 얼굴은 언제나 자신만만한 표정으로 충만한 것 같습니다. 하지만 그럴 때 그들의 발을 한번 살펴본다면, 상처와 수포를 발견하게 될 것입니다. 상대방의 얼굴에 어린 미소가 찬란하게 빛났기 때문에 자잘한 상처는 쉽게 무시됐던 겁니다.

그래서 과거의 일을 가지고 더 이상 후회하지 말고 그저 묵묵히 자신이 갈 길을 가야 합니다. 당신이 결정할 수 있는 것은 후회 속에 틀어박혀 울고 있을 것인가, 아니면 미소를 띤 채 완주해서 다른 사람의 부러움을 살 것인가입니다.

제2장

신의를 지키되
인정에 휘둘리지 않게

- 동료와의 관계 원칙 -

혼자 쌓은 공이라도
독점하지 말고 공유하라

사람은 누구나 질투의 화신이다.
아무리 능력과 재주 없는 사람이라도 질투만큼은 남 못지않다.

– 위민홍俞敏洪(신둥팡 교육그룹 회장)

일을 하다 보면 종종 듣게 되는 불평이 있습니다. "동료 관계 진짜 어려워요. 자칫 잘못했다가는 상처와 갈등이 생기니까요." 하지만 동료 관계는 생각보다 그렇게 어렵지 않습니다. 당신이 타인과 '나눌 줄 아는가'가 핵심입니다. 나눌 줄 아는 사람은 아무리 큰 공을 세워도 사람들의 공격 대상이 되지 않습니다. 왜냐하면 그들은 자신의 공이 절대 혼자 힘으로 얻은 것이 아님을 알고 있고, 동료들은 그 사람이 언제나 그 영광을 다른 사람들에게 돌린다는 걸 잘 알고 있기 때문입니다. 그렇게 되면 그는 동료들 사이에서도 자연스럽게 높은 인기를 얻고 도움도 받을 수 있으며 호평을 듣게 됩니다.

한편, 자신의 공을 어째서 타인들과 공유해야 하는지 반문하면서, 그렇게 했다가는 자신의 노력이 다른 사람들 때문에 잊혀져버릴 것이라고 생각하는 사람도 있습니다. 사실 당신이 얼마만큼의 노력을 들였는지는 다른 사람들도 모두 잘 알고 있습니다. 그런데도 고집스럽게 자신의 노력만을 추켜세우고 과시한다면 오히려 사람들의 반감만 살 뿐입니다. 반면에 당신이 시원시원하게 동료들과 공을 나누면, 일단 크게 힘들이지 않으면서도 선심을 쓰는 격이 됩니다. 그 일을 기억하는 사람들은 이후에 당신이 어려움에 처했을 때 흔쾌히 나서서 당신을 도울 것입니다.

자오창은 베이징 소재 소프트웨어 회사에서 디자이너로 일하고 있습니다. 업무 능력이 탁월하고 평상시 동료들과 관계도 무척 좋았습니다. 동료들과 관계가 좋을 수 있었던 것은 그가 동료들과 공을 '나눌 줄 알기' 때문이었습니다.

한번은 자오창이 중요한 소프트웨어 개발 프로그램을 맡게 됐습니다. 사장은 그에게 두 달 안으로 업무를 완료해야 한다고 했습니다. 난이도가 꽤 높은 업무였기 때문에 자오창은 큰 스트레스를 받았습니다. 하지만 노력을 게을리하지 않았습니다. 그렇게 한 달여가 지나고 자오창은 민첩한 사고력과 성실한 업무 태도로 프로젝트에 중요한 획기적 진전을 이루었습니다.

이 일을 알게 된 사장은 무척 흡족해하면서 그를 사무실로 불러들였습니다. 이때 사장의 비서가 마침 자료를 전달하러 사무실에 들어갔다가 둘의 대화를 듣게 되었습니다. 그리고 사무실을 나선 뒤 별 생각 없이 다른 직원들에게 이런 말을 했습니다. "사장님이 지금 자오창을 칭찬하고 있네요." 그 말을 들은 직원들은 다들 비서 주변으로 모여들어 이유를 물었습니다. "당연히 업무 실적이 뛰어나서죠. 사장님이 이렇게 좋아하는 건 처음 보는 것 같은데요." 비서의 말을 들은 개발팀의 다른 구성원들은 순식간에 안색이 변하더니 작은 소리로 속닥거리기 시작했습니다. "이전에 우리가 어려운 프로젝트를 많이 해냈을 때도 사장님이 그렇게까지 좋아한 적은 없었는데……."

직원들의 의견이 분분한 가운데 사장이 자오창을 데리고 사무실을 나왔습니다. 그러더니 들뜬 목소리로 말했습니다. "근 1개월 동안 자오창에게 도움을 준 여러분께 감사드립니다. 자오창이 그러는데 이번에 만약 여러분의 열정적인 도움이 없었다면 이렇게 빨리 큰 진전을 이룰 수 없었다고 하는군요. 이번 달에는 여러분 모두에게 임금을 두 배로 지급하겠습니다."

사장 말이 떨어지기가 무섭게 사무실에 박수소리가 터져 나왔습니다. 그리고 동료들은 자오창 주위에 떼 지어 몰려들어 고마움을 표했습니다. 그 일이 있은 뒤로 동료들은 좋은 일이 있을 때면 늘 자오창을 생각했습니다. 얼마 후 연구개발부서의 팀장이 전근을 가게 되어 자리가 비자 부서 내의 동료들은 일제히 후임에 자오창이 적임자라고 추천했습니다. 자신이 이렇게 수월하게 팀장 자리에 오를 줄은 자오창도 생각지 못한 일이었습니다.

자오창이 만약 공을 자기 혼자만의 것으로 꿰찼다면 다른 동료들은 분명 불만을 품었을 것입니다. 그랬다면 앞으로 있을 업무는 순조롭게 진행되지 못했을 것이고 자오창 역시나 그렇게 쉽게 승진할 수는 없었을 것입니다. 한번 상상해보면 금세 알 수 있는 일입니다.

함께 일한 사람들과 공을 나눌 줄 아는 것, 당장은 손해보는 것처럼 느껴져도 장기적으로는 결국 자신에게 더 큰 이득이 되어 돌아옵니다.

능력을 과신해 나서지 말고
적당한 때를 기다려라

필승의 방법은 딱 하나.
완벽한 준비 없이는 싸움에 나서지 않는 것이다.

직장은 전쟁터와 같습니다. 사람과 사람 사이의 암투가 도처에서 벌어지고 있으니까요. 이런 전장에서 두각을 드러내고 싶은 신입사원들은 먼저 자신의 '밥줄'을 지키기 위해 능력을 숨기고 때를 기다릴 줄 알아야 합니다. 그렇게 하지 않으면 다른 사람들의 질투 대상이 되거나 괜한 논란의 중심에 설 수 있습니다.

류페이는 베이징 소재의 과학원을 졸업하고 과학기술 회사에 취직했습니다. 부서에 갓 배치된 그는 주위 동료들 대다수가 40대 중년이라는 점을 발견했습니다. 그들의 경력은 자신보다 화려했지만 경력만큼 두뇌 활동이 활발하지 못하고 컴퓨터 활용 능력도 떨어졌습니다. 류페이는 그 상황이 꽤 마음에 들었습니다. 이후에 부서 내에서 크게 두각을 드러낼 수 있을 것 같았으니까요. 곧이어 그는 자신이 얼마나 능력 있는 사람인지 과시하며 남을 지적하기 시작했습니다.

"아이고, 컴퓨터를 어떻게 이렇게 사용합니까?" "이 분야에 관해서는 제 말을 들어야죠. 이 분야는 제가 잘 아는 편이니까요."

한번은 사장이 그에게 다른 부서로 가서 컴퓨터 프로그램 문제를 해결하라는 지시를 내렸습니다. 도움을 주러 간 부서의 중간 책임자는 친절하게 류페이를 자기가 소속된 사무실로 안내한 뒤 향기 좋은 차를 내오면서 말을 건넸습니다. "이렇게 와줘서 정말 고마워요. 여기 있는 컴퓨터 한 대가 왜 그러는지 켤 때마다 채 10분도 안 돼 다운이 되어버려요. 이유가 뭔지 좀 봐주세요."

류페이는 한껏 거드름을 피웠습니다. "이 정도는 문제도 아니죠. 컴퓨터는 제가 가장 자신 있는 분야거든요. 아직까지 제가 해결하지 못한 문제가 없을 정도니까요." 차를 다 마신 류페이는 바로 컴퓨터 수리에 들어가 5분도 안 돼 작업을 완료했습니다.

중간 책임자는 흡족해하면서 연신 류페이의 능력을 칭찬했습니다. 그때 류페이는 들뜬 나머지 으스대며 이런 말을 했습니다. "사실 컴퓨터에는 아무 문제가 없었어요. 컴퓨터를 사용하는 사람들이 너무 멍청했던 거죠. 프로그램 하나를 설치했으면 설치가 다 완료된 뒤에 운행해야 하는 겁니다. 이 프로그램은 대량의 메모리가 필요한데, 설치 중에 다른 프로그램을 켜면 컴퓨터는 바로 다운되는 거라고요."

류페이의 말을 듣고 난 중간 책임자의 낯빛이 어둡게 변했습니다. 하지만 류페이는 상대방의 분위기가 달라진 것도 알아채지 못하고 끝까지 자기 잘난 체만 했습니다.

얼마간의 시간이 흐른 뒤 류페이는 돌연 자기가 소속돼 있던 부서에서 해고됐습니다. 너무 잘난 체만 하고 다른 동료들의 감정은 전혀 고려치 않았다는 이유에서였습니다.

류페이는 너무 자신만만했습니다. 이미 노련할 대로 노련해져 있는 '독수리'들에게 류페이의 행동은 당연히 거슬렸을 겁니다. 결국 류페이는 직원들의 공분 대상이 되고 말았습니다. 이렇게 자기감정을 다스려 인간관계를 꾸리는 작은 일 하나도 제대로 해내지 못하는 인물이 어떻게 큰일을 이룰 수 있을까요?

직장 내에서 실적과 경력을 쌓으려고 할 때 만일 처음부터 자기 자랑만 하고 있으면 도리어 다른 더 중요한 부분에 대한 준비를 하지 못할 가능성이 큽니다. 그렇게 되면 자꾸만 일이 꼬이다가 결과적으로 향후의 발전에 좋지 않은 영향을 미칠 수 있습니다. 아직 만반의 준비가 되어 있지 않다면 차라리 주변의 동료들을 한번쯤 제대로 관찰해보는 것도 좋을 것입니다. 그러면서 적극적으로 환경에 적응하고 다른 사람들과 상호작용을 잘하고 자신의 실력을 쌓으면서 기회가 오기를 기다리는 겁니다. 자신을 낮추고 중용을 지키는 방법이야말로 편안하고 순조롭게 자신을 지키는 비법입니다.

기꺼이 찬밥 신세도
견뎌낼 수 있어야 한다

마음속에 꿈을 품고 실력을 갖추고 있으면
기회가 찾아왔을 때 놓치는 일이 없다.

대다수의 직장 신입사원들은 '하루아침에 유명인사가 되고 싶은' 꿈을 꿉니다. 갓 입사해서는 큰 성과를 이뤄내고 싶은 마음에 두 주먹을 불끈 쥡니다. 상사의 인정과 동료들의 선망의 눈빛을 한몸에 받고 싶은 겁니다. 하지만 성공을 위한 기회는 자주 오지 않습니다. 그렇기 때문에 우선적으로는 기회가 오기 전에 '찬밥 신세'를 기꺼이 견뎌낼 결심과 용기를 갖추고 있어야 합니다.

샤페이는 졸업 후 무역회사에 취직했습니다. 그녀는 탄탄한 전문 지식뿐만 아니라 재능과 학식을 두루 갖추고 있었습니다. 그러다 보니 입사한 지 얼마 지나지 않아 동료들 사이에서 선망의 대상이 되었습니다. 하지만 어쩐 일인지 입사 1년차가 되었는데도 상사들은 그녀에 대해 전혀 궁금해하지 않았고 중요한 프로젝트를 맡기지도 않았습니다. 게다가 아무런 소통도 없었습니다. 그렇게 그녀는 자신의 능력에 비해 별로 중요하지 않는 일들만 매일매일 처리하고 있었습니다.

그런데도 그녀는 남 탓을 전혀 하지 않았습니다. 또한 상사의 부당한 대우에 대해 따진 적도 없었습니다. 그저 신입사원으로서 허드렛일을 해내면서 '찬밥 신세'는 당연한 것이라고 여기고 있었습니다. 그렇게 또다시 1년의 시간이 흐른 어느 날, 상사가 그녀와 대화를 나누었습니다. 그녀가 근 1년 동안 불평 없이 일을 열심히 해낸 데 대한 긍정의 표시였고, 그녀가 해낸 수많은 실적에 대한 칭찬이었습니다. 마침내 그녀는 오로지 자신의 능력만으로 승진했습니다. 인내심과 기다림이 결국에는 보답을 얻은 셈입니다.

샤페이의 경험은 다음에 오는 말이 얼마나 옳은지 증명해줍니다. '끝까지 노력하면 성공을 거두게 된다.' 찬밥 신세를 견뎌내지 못하면 윗사람의 높은 평가를 얻을 기회는 없어지고, 1년 뒤에도 윗사람의 신뢰나 승진도 기대할 수 없습니다. 찬밥 신세라고 해서 그렇게 견디기 어려운 것도 아닙니다. 일단 찬밥 신세를 잘 견디면 분명 기회가 찾아올 것입니다.

마음속에 칼을 품고 있으면 어느새 다른 사람에게 상처를 주게 됩니다. 마찬가지로 마음속에 꿈을 품고 있으면 찬밥 신세 같은 것은 별것이 아니게 됩니다. 몸을 낮추고 오랫동안 쓸쓸하게 견딜 수 있는 것은 원대한 꿈을 오롯이 마음에 품고 있었기 때문입니다. 기꺼이 찬밥 신세를 감수해내는 사람의 대다수는 강한 사회적 책임감을 지니고 있으며, 한순간의 이해득실에 연연하지 않습니다. 이들은 장기적으로 미래를 준비합니다.

찬밥 신세라는 것은 놀고먹는 것을 의미하지 않습니다. 도리어 주어진 시간을 활용해 심신을 단련하고 묵묵히 능력을 축적하고 있는 것입니다. 그러다가 기회가 무르익으면 분명 거침없는 상승세를 일으킬 것입니다.

근거 없는 소문의
표적이 되지 않도록 하라

다른 사람을 무조건 의심해서도 안 되지만,
경계하는 마음까지 없어서는 안 된다.

직장에서 우리는 '착한 얼굴을 하고 있으면서 속은 음흉한' 사람을 만나기도 합니다. 겉으로는 모든 사람들과 좋은 친구로 지내기 때문에 회사에서 사람들과 허물없이 잘 지내고 누구에게나 '웃는 얼굴'로 대합니다. 하지만 이상하게도 그 사람은 늘 당신의 사소한 비밀을 염탐합니다. 어느 정도 시간이 흐른 뒤에는 잘 알지도 못하는 동료들마저 당신이 어제 누군가에게 했던 험담을 알게 됩니다. 그러다가 결국 사람들의 미움을 사게 됩니다. 동료들은 당신을 배척하고 상사들은 당신에 대해 싫은 내색을 합니다. 순간적으로 당신은 앞길이 까마득해지고 상황이 곤란해지고 난감해집니다. 그리고 직장에서 해고되는 비참한 결말로 치닫게 될 것임을 직감합니다.

당신은 마치 어린아이처럼 어떤 일을 마음속에 감추지 못하고 겉으로 다 드러내야 하는 나이가 아닙니다. 하지만 다른 사람이 당신에게 조금의 호의라도 보이면 순수하게 자기 마음을 상대방에게 숫제 끄집어내서 보여주려 합니다. 물론 그 자체가 나쁘다는 건 아닙니다. 하지만 타인을 경계할 줄 모르면 다른 꿍꿍이가 있는 사람에게 악용당하거나 모함을 당할 수 있습니다.

직장생활을 하면서 당연히 남을 해치려는 마음을 가져서는 안 되지만, 경계하는 마음은 꼭 갖춰야 합니다. 다른 속셈이 있는 사람에게 구실을 잡히거나, 거짓말을 보태게 하거나, 이간질로 분쟁을 조장하도록 해서는 안 됩니다. 또한 우리도 등 뒤에서 다른 사람에 대해 이러쿵저러쿵해서는 안 됩니다. 특히 정직하지 못하고 심보가 사나운 사람을 경계해야 합니다. 그런 사람과 다른 사람의 험담을 해서도 안 됩니다. 그런 사람과는 아예 만나지 않는 게 좋습니다.

사무실에서는 꼭 이런 사람들이 있습니다. 매일 주변을 원망하거나 시비를 부추기고 뜬소문을 퍼뜨리고 헛소문을 조작하는 사람들 말입니다. 자칫 방심했다가 그런 사람들의 '표적'이 될 수도 있습니다. 너무 흔한 일이라 화가 나지도 않을 정도입니다. 근거 없는 소문은 당사자가 되면 참 기분 나쁩니다. 하지만 입이란 게 사람의 몸에 붙어 있는 것이라 단속을 하려고 해도 잘 안 됩니다.

헛소문에 대처하려면 먼저 감정적으로 휘둘리지 말고 최선을 다해 냉정해져야 합니다. 세상을 살다 보면 시비는 늘 있는 법이고 여러 가지 헛소문에 대응할 줄도 알아야 합니다. 모든 직장인이 겪을 수 있는 일이며 당신도 예외가 아닙니다. '손바닥도 마주쳐야 소리가 난다'고 했습니다. 때로는 헛소문에 아무 대응을 하지 않는 것이 가장 좋은 대응 방법일 수 있습니다. 또한 자신의 인격과 성취를 이용해 떠도는 소문과 같은 사람이 아니라는 점을 증명하고 묵묵히 일을 해내는 것이 자신을 보호할 수 있는 가장 좋은 원칙적인 방법입니다.

많은 말보다 적은 말이 낫고
적은 말보다 없는 게 낫다

어떤 상황에서도 통하는 처세의 필수 원칙 중 하나는
다른 사람의 사생활에 대해 지갑을 닫듯 입을 닫는 것이다.

 직장 생활을 하다 보면 의도치 않게 사람들의 화를 사게 만드는 말을 할 때가 있습니다. 겉으로는 문제가 없어 보이는 말이었는데, 다른 사람의 입으로 몇 번 반복되다 보면 결국 하지 말았어야 하는 말이 되는 겁니다. 또 본래는 좋은 취지의 말이더라도 결과적으로는 갈수록 골칫거리가 되기도 합니다. 대상을 잘못 골라 내뱉은 말 또한 당신이 어떻게 말해도 문제를 일으킵니다.

 점심시간 무렵 동료들은 서로서로 열띤 대화를 나눕니다. 이때 동료 리나는 연예인과 관련된 스캔들을 쉬지 않고 말했습니다. 류펑 역시 리나에 뒤질세라 사장의 사적인 일에 대해 열을 올렸습니다. 사장이 노래 부를 때 선곡한 곡목이 '아가씨'라는 둥, 음식을 먹을 때 미녀를 바라보는 눈빛이 무척 느끼하다는 둥, 사장이 어떤 게임을 가장 좋아한다는 둥 이런저런 얘기를 했습니다. 그 때문에 류핑은 사람들의 집중을 받았고 얼마 지나지 않아 해고됐습니다.

이처럼 직장에서는 말이 많으면 그만큼 실수도 많아지고, 아는 것이 많을수록 위험도 커집니다. 말에 대해서 누구든지 꼭 기억하고 있어야 하는 불문율입니다.

허풍을 잘 떨거나 남의 험담을 잘하는 사람과 친구가 되고 싶은 사람은 아무도 없습니다. 더구나 이런 부하 직원을 좋아할 사장은 더더욱 없겠지요. 다른 사람의 프라이버시에 대해서는 침묵으로 일관하는 것이 가장 좋습니다.

특히 여러 사람이 모이는 장소에서 분위기가 무르익었을 때 상대방이 문득 당신에게 일이 잘 풀리는지, 대우는 어느 정도인지, 남자친구는 있는지 등을 묻는다면, 해도 될 이야기든 안 될 이야기든 그 어떤 것이든 아예 하지 않는 것이 좋습니다. 한번 말을 시작하면 분위기에 휩쓸려 하지 말아야 할 말까지 내뱉게 되기 때문입니다. 당신이 별 생각 없이 내뱉은 말들이 결국에는 누군가에게 약점이나 허점으로 잡혀 곤란한 상황에 놓이게 될 것이라는 점을 잊지 않아야 합니다.

모든 사람이 나쁘게만 보인다면
자기 자신부터 돌아보라

다른 사람에게 지나치게 까다롭게 굴면,
가장 크게 고달퍼지는 것은 결국 당신이다.

회사에서 같이 일하는 사람들이 모두 다 싫고 마음에 들지 않는다면, 우선 자기 자신에게서 원인을 찾아야 합니다.

올해 서른 살인 류샤오는 예쁘장한 외모에 어려서부터 순탄하게 커왔습니다. 좋은 교육도 받았고 대기업에 취직도 했습니다. 일반적으로 생각할 때 이런 사람은 인기 있는 게 당연하고 아무런 걱정이 없어야 하겠지만, 실제로 그녀는 무척 괴로웠습니다. 그 괴로운 심정은 이루 말로 다 할 수 없을 지경이었습니다.

그녀는 회사에서 동료들과 갈등을 자주 빚을 만큼 대인관계가 불안했습니다. 일을 할 때 눈에 거슬리거나 상대하고 싶지 않은 동료를 보면, 그 사람이 하는 행동 하나하나가 너무 유치하고 저속하다고 생각했습니다. 그런데 문제는 거의 모든 동료들이 그녀가 참아줄 수 없는 문제를 한 가지씩은 꼭 가지고 있었다는 점입니다. 류샤오는 동료가 입은 옷이 마음에 안 들면 그 사람에게서 다른 결점들을 더 끄집어냈습니다. 동료들이 밥을 먹을 때는 음식 씹는 소리가 너무 커서 불만이었습니다. 동료들의 말소리가 조금이라도 크다 싶으면 교양 없다고 면박을 주기도 했습니다. 류샤오는 이런 동료들과 함께 일한다는 것이 너무나 괴로 웠습니다. 과연 자신이 이런 곳에서, 이런 사람들과 계속 일을 할 수 있을지에 대한 고민이 커졌습니다.

'그만둘까? 하지만 이 회사는 대우가 좋고 업무 환경도 꽤 괜찮은 편이잖아. 그만두기에는 너무 아까워. 그럼 계속 다녀야 하나?' 그녀는 이런 식으로 고민에 고민을 거듭했습니다. 그러다가 결국 친구에게 고충을 털어놓았습니다. 얘기를 다 들은 친구는 그녀에게 자신의 마음상태를 잘 조절하고 적극적으로 동료들과 어울리라고 조언해주었습니다. 평상시 만났을 때 안부를 많이 묻고 기쁜 마음으로 사람들과 같이하라고 말이죠. 하지만 류샤오는 친구의 말이 채 끝나기도 전에 말을 싹둑 자르고 이렇게 소리를 질렀습니다. "절대로 그렇게는 못 해. 나를 바꿔서 그들의 비위를 맞추라고? 그런 짓은 절대 못 해!"

사람마다 겪은 경험과 받은 교육이 다 다릅니다. 그래서 성격과 태도 역시 다를 수밖에 없습니다. 성장 과정에서 별다른 고생 없이 순탄했던 사람은 독선적이고 까다로워지기 쉽습니다. 류샤오도 그런 사람 중 한 명입니다. 그녀는 자기만의 잣대로 다른 사람들을 평가하는 걸 즐겼습니다. 그리고 다른 사람이 그 기준에서 조금이라도 어긋나면 부정적인 평가를 내렸습니다.

하지만 이 세상 수많은 사물에 대한 평가는 하나의 잣대로 평가할 수 없습니다. 그리고 이 세상은 누구 한 사람을 중심으로 돌아가는 것도 아닙니다. 만일 당신이 언제나 다른 사람의 작은 약점을 주시하고 있다면, 가장 피곤한 사람은 결국 당신이 될 것입니다.

이기적인 행동으로
고립되는 것은 결국 자신뿐이다

화합은 일을 이뤄내는 중요한 시작이자
모든 것을 이뤄내는 기반이다.

직장 생활을 하다보면 종종 사람들의 반감을 불러일으키는 존재와 마주치게 됩니다. 자신과 무관한 일이면 거들떠보지도 않는 사람들이 바로 그들입니다. 매우 이기적인 사람들이지요. 업무에 대해서도 수동적인 태도로 일관하고 일에 대한 열정도 없습니다.

이들은 동료들이 함정에 빠져드는 상황을 무심하게 쳐다보면서 어떤 도움도 주지 않습니다. 겉으로 드러난 상황만 따지면 이들은 수많은 번거로움을 피한 게 되겠지만, 실제로는 '당신, 너무 이기적이야!'라는 생각을 동료들 머릿속에 싹트게 만듭니다. 만일 당신이 저질렀던 '이기적' 행동이 동료들 사이에 퍼지게 되면 다들 당신과 거리를 두고 고립시킬 수도 있습니다.

반면, 중요한 순간에 적절히 동료에게 도움을 주면 그들은 당신에 대해 고마운 마음을 갖게 될 것이고, 중요한 시기에 당신에게 도움의 손길을 내밀게 될 것입니다.

허둥은 기획사의 디자이너입니다. 업무 능력이 탁월하고 매너도 좋아 동료들의 사랑을 한몸에 받고 있습니다. 하지만 어쩐 일인지 고객서비스 부서 류란과는 관계가 썩 좋지 않았습니다. 허둥은 동료 간의 관계가 나쁘면 분명 업무에 영향을 미칠 것이라고 생각했기 때문에 적절한 기회에 류란과의 관계를 개선해야겠다고 다짐했습니다.

그러다 한번은 부장이 계약서 문제로 류란을 찾았습니다. 마침 류란은 개인적인 일로 자리를 비운 상태였습니다. 부장은 그 사실을 알고 불같이 화를 냈습니다. 이 상황을 지켜본 허둥이 얼른 나섰습니다. "부장님, 류란 씨는 오늘 몸이 불편해서 먼저 퇴근했습니다. 좀 있다가 제가 전화를 해서 문서를 전달할 수 있도록 하겠습니다."

부장이 가고 나서 허둥은 곧바로 류란에게 전화를 걸었습니다. "계약서 어디 있어요? 부장님이 급하게 찾고 있거든요." 그제야 류란은 계약서 일을 기억해내고는 즉시 허둥에게 그와 관련된 일을 정확히 설명해주었습니다. 그리고 허둥에게 계약서 문제를 잘 처리해서 부장에게 건네 달라고 부탁했습니다. 허둥은 전화를 끊자 마자 계약서를 잘 정리해서 부장에게 건네 주었습니다. 그 뒤로 부장은 류란이 자리를 비운 일에 대해 더 이상 추궁하지 않았습니다.

한 시간 뒤 류란이 허겁지겁 자리로 돌아왔습니다. 그리고 애써 자신을 도와준 허둥에게 미소를 지어 보였습니다.

그 일이 있은 뒤로 허둥에 대한 류란의 태도가 180도 달라졌습니다. 무척 부드러워진 겁니다. 게다가 허둥이 업무상 어려움에 처하면 적극적으로 나서서 도움을 주었습니다. 또 사람들을 만날 때마다 허둥이 무척 친절한 사람이어서 깊이 사귈 만하다고 칭찬했습니다. 이렇게 되니 허둥의 인기가 크게 올랐습니다. 또 얼마 지나지 않아 승진까지 하게 됐습니다.

직장에서 당신이 한 행동은 직접적으로 당신에게 다시 돌아옵니다. 물론 다른 사람에게 도움을 주고 진실한 마음으로 대한다고 해서 무조건 상응한 보답을 받을 수 있는 건 아닙니다. 하지만 만일 다른 사람이 겪은 어려움을 보고도 못 본 체한다거나 일부러 태클을 걸면 적개심과 골칫거리를 떠안게 됩니다. 직장에서는 서로서로 도울 일이 있으면 최대한 도움을 주는 게 좋습니다.

직장은 경쟁이 무척 치열한 곳입니다. 하지만 서로 이익과 혜택을 주고받을 수 있는 곳이기도 합니다. 당신이 타인에게 능력을 드러낼 기회를 주면 타인도 당신을 도울 방법을 생각하게 됩니다. 당신이 타인을 도울 때 상대방은 고마움을 느끼고 그것을 기억해두었다가 당신에게 생각하지 못한 도움을 줄 것입니다.

활활 타오르는 의욕에
자신까지 태우지 않도록 하라

능력을 인정받은 사람은 공격의 대상이 되기 쉽다.
호시탐탐 당신의 자리를 노리는 사람들을 주의해야 한다.

직장에서 갓 승진한 상태라면 의욕에 넘칠 것입니다. 이때 꼭 주의해야 할 점이 있습니다. 리더는 당신이 똑똑하고 사리를 분별할 줄 알고 분수를 아는 사람이라고 높이 평가했기 때문에 고위직을 맡겼을 것입니다. 그래서 승진한 뒤에 어떻게 행동하는지를 한동안 주의 깊게 관찰할 것입니다. 당연한 처사입니다. 그러니 승진의 기쁨에 도취되기보다는 전보다 더 진지하고 성실하게 행동해야 합니다. 의욕을 가지고 열심히 일한다면 자신의 업무 역량을 발휘할 수 있고 책임자로서의 위신을 빠르게 세울 수 있습니다. 만약 상황은 도외시한 채 의욕만 앞세운다면 부하 직원의 불만을 살 것은 뻔한 일이고, 벌여놓은 일을 감당하지 못해 골머리를 썩이게 될 수도 있습니다. 의욕을 부리는 데에도 적절한 기술이 필요합니다.

적절한 상황인지부터 파악하라

어떤 신임자는 현재의 조직에 문제가 있든 없든 일단 새로운 자리에 앉으면 '혁명'을 기도합니다. 자신의 지도력을 과시하려는 것입니다. 위험한 발상입니다. 무언가 일을 벌이기 전에는 실정을 면밀히 파악하는 것이 좋습니다. 업무상 진짜 문제가 있는지를 살피는 것입니다. 이런 과정을 거치지 않았다면 절대 섣불리 나서서 무언가를 시도해서는 안 됩니다.

적당한 타이밍을 찾아라

좋은 기회를 선택해야 합니다. 상황을 제대로 파악한 뒤 시도해도 늦지 않습니다. 승진한 지 며칠 되지도 않은 상황에서 대대적인 '시도'를 감행하면 안 됩니다. 그렇게 하면 사람들은 이번 시도가 심사숙고하지 않은 채 순전히 자신의 지위를 과시하기 위해서일 것이라고 오해할 공산이 큽니다. 이런 시도는 원하는 효과를 얻어내기도 힘들고 심지어 당신의 이미지에 타격을 줄 수도 있습니다.

가장 좋은 돌파구를 마련하라

시도해야겠다고 결정하기 전에 반드시 착수점을 잘 선정해야 합니다. 직무가 시작되면 일단 회의를 열어 토론을 하면서 직원들의 의견을 듣고 업무상에 존재하는 최대 문제점과 직원들의 반응이 가장 강한 문제점을 찾아내야 합니다. 그런 뒤 과감하고 패기 있는 개혁을 단행하는 겁니다. 시발점 선택이 적절해야 일이 순조롭게 잘 진행될 수 있습니다. 만일 시발점 선택에 문제가 있으면, 결국에는 일이 끝까지 추진되지 못하거나 아예 뒤죽박죽 될 수도 있습니다.

끝까지 책임져라

시작보다 중요한 것이 실제 집행 상황에 비상한 관심을 갖고 문제점이 제대로 해결되고 있는지를 살피는 일입니다. 중도에 포기하는 일이 있어서는 안 됩니다. 중도에 포기하면 사람들은 당신에게 크게 실망할 것이고 선입견이 생겨 이후 일을 해나가는 데 좋지 않은 영향을 미치게 됩니다.

직장에서 나쁜 감정이나
불평을 쏟아내지 말라

나쁜 감정은 마치 세균과 같아서
타인은 물론이거니와 자신에게도 빠르게 악영향을 미친다.

직장에서 마음대로 기쁨을 '과시'해서는 안 됩니다. 또한 동료들에게 자신이 갖고 있는 나쁜 감정이나 불만을 털어놓지 않도록 주의해야 합니다.

"부장, 미친 거 아냐? 이렇게 중요한 일을 나한테 맡기다니, 아예 나보고 죽으라는 소리지!"

"일한 지 몇 년이나 지났는데 도대체 월급은 왜 안 오르냐고!"

"왕씨는 정말 짜증나. 왜 매번 내 의견도 묻지 않고 내 물건에 멋대로 손을 대는 거야?"

이런 온갖 유형의 불만을 자신도 모르는 사이에 터트리는 사람이 있습니다. 직장에서 불만을 토로하는 것은 어찌 보면 일상적인 모습이지만, 사실은 해서는 안 될 행동이기도 합니다. 당신에게 어떤 불만이 있든 그건 중요하지 않기 때문입니다. 중요한 것은 당신이 부정적인 감정을 표출하고 있다는 그 자체입니다. 당신이 그 불평을 남들이 잘 알아차릴 수 없게 아주 기술적으로 표출한다면 모르겠지만 말이지요.

기억해야 할 것이 있습니다. 불평의 파급력은 그저 발설한다는 자체에만 있다는 것입니다. 불평한다고 해서 당신의 현재 상태가 바뀌지 않습니다. 오히려 동료나 상사들에게 부정적인 사람이라는 이미지만 남길 뿐입니다. 또한 말을 신중히 하지 않으면 화를 불러들인다는 사실도 기억해야 합니다. 직장은 결국 서로 간의 이익이 오고가는 곳입니다. 당신의 사소한 말과 행동이 '꼬투리'가 될 수 있습니다. 언제나 신중하고 조심해야 합니다.

진짜 금이라면
언젠가는 빛을 발한다

재능을 품고 있다는 건 아이를 잉태한 것과 같다.
시간이 흘러야 진가를 발휘한다.

직장 생활을 하다 보면 다음과 같은 상황과 맞닥뜨릴 수 있습니다. 일단 당신을 업무 태도가 좋아 상사의 인정을 받은 승진 내정자라고 가정해보겠습니다. 그런데 어느 날 난데없이 부서에 안면이 전혀 없는 상사가 새로 발령이 납니다. 이런 갑작스러운 변화로 업무가 혼선에 빠지고 당신은 미래에 대한 두려움에 휩싸일 수 있습니다. 누구나 이런 상황에서 걱정이 될 수밖에 없을 겁니다. 하지만 잊어서는 안 되는 점이 있습니다. 금은 어디에서든 빛을 발한다는 사실입니다. 물론 잠시잠깐 암담한 상황이 펼쳐질 수는 있습니다. 그럼에도 결국에는 찬란하게 내뿜는 빛으로 인해 당신은 다른 사람들에게 보배 같은 인재로 인식될 겁니다.

직장에서 누구나 인정하는 인재라면 어떤 환경에 놓이더라도 상황은 달라지지 않을 것입니다. 당신의 업무 태도가 똑바르고 자신에게 주어진 업무를 인내심 있게 잘해내면 결국에는 당신을 잘 몰랐던 상사도 큰일을 맡기게 될 것입니다. 설령 당신의 상사가 '낙하산'이라도 말이지요.

장보는 상하이에 있는 전자부품 공장 생산부 책임자의 비서로 3년 동안 일했습니다. 근면 성실하게 부지런히 책임자의 일을 보좌해 제조공정을 개혁하는 데 큰 역할을 했습니다. 또한 야근과 특근을 불사하면서 기업 내부의 생산 목표를 역대 최고치까지 달성해냈습니다. 장보의 노력을 인정한 책임자는 자신이 승진하면 장보가 자신의 후임이 될 수 있도록 적극적으로 추천해주겠노라고 했습니다. 그 말을 들은 장보는 기쁜 마음에 이전보다 더욱 열심히 일했습니다.

2년 뒤 탁월한 업무 성과 덕분에 장보의 상관은 승진했고 계열사의 공장장으로 부임해갔습니다. 책임자는 승진하기 전에 상사에게 장보를 자신의 자리에 앉혀 달라고 강력 추천했습니다. 하지만 회사 고위층 간부는 장보에게 실질적인 생산관리 경험이 없다는 이유로 2년간 더 경력을 쌓은 뒤 중임을 맡는 게 어떻겠느냐고 제안했습니다.

그러면서 공장에 '낙하산' 한 명이 장보의 새로운 상사로 오게 됐습니다. 비서 한 명을 같이 데려왔는데, 장보와 같은 직급이었습니다. 장보는 이번 인사이동 과정에서 자신이 누락된 것 같아 상심이 컸습니다. 새로 온 상사와 전혀 안면이 없었기 때문에 그 사람 밑에서 중요한 일을 맡지 못하게 될까 봐 걱정이 태산이었습니다. 게다가 새로운 상사가 데려온 비서에게 자기 자리마저 빼앗길지 몰라 고민도 됐습니다. 이런 여러 가지 이유로 장보는 잠시 자신의 앞날이 너무 아득해 보였고, 업무 열정도 수그러들었습니다. 극도의 실의에 빠져든 것입니다.

그러나 장보는 금세 정신을 가다듬었습니다. 자신의 능력을 십분 발휘해 새로 온 비서와 실력을 겨뤄보고 싶었습니다. 하지만 상사가 자신의 비서에게 보내는 신뢰를 보니 분발하려던 마음이 다시 바닥을 치고 말았습니다. 너무 괴로웠고 이 상황을 도대체 어떻게 헤쳐 나가야 할지도 암담했습니다.

'낙하산' 상사와 그가 데려온 비서는 장보에게 엄청난 심리적 압박이 되었을 것입니다. 하지만 그렇다고 해서 장보가 이후에 승진 못할 이유는 없습니다. 장보는 본래 우수한 인력이었습니다. 자신이 갖고 있는 재능을 상사 앞에서 적절히 발휘하기만 하면 앞날은 분명 탄탄대로일 것입니다.

아무리 낙하산이라도 일단 회사에서 중책을 맡겼다는 것은 그 사람에게 어느 정도의 실력이 있다는 말이기도 합니다. 이때 당신이 할 일은 그를 존중하고 신임하는 것입니다. 그런 뒤 다시 기회를 잡아 상사와 당신 사이에 존재하는 틈을 없애면 됩니다.

새로운 상사가 처음에 자신의 오래된 부하 직원을 신뢰하는 것은 당연한 일입니다. 아울러 잠시나마 당신에 대해 거리를 두는 것 또한 매우 정상적인 일입니다. 새롭고 익숙하지 않은 환경에서 자신의 원래 부하 직원과 호흡을 맞추면 일을 순조롭게 진행할 수 있기 때문입니다. 하지만 그렇다고 해서 새로운 상사가 아예 당신을 무시하리라고는 볼 수 없습니다. 똑똑한 사람이라면 회사 사정을 누구보다 잘 알고 있는 우수한 인재를 자기 편으로 삼으려 할 테니까요. 당신은 그저 더욱 적극적이고 주체적으로 상사의 업무에 협조하면 됩니다. 그가 새로운 업무 환경에 최대한 빨리 익숙해지고 적응하도록 도와야 합니다.

금은 어느 곳에 있든 빛을 발하게 마련임을 잊지 마십시오. 누군가 당신의 능력을 알아주기까지 최선을 다해 맡은 일을 처리하다 보면, 자연히 당신에게도 기회가 올 것입니다.

제3장

겸손하지만
비굴하지는 않게

- 리더와의 관계 원칙 -

리더 앞에서 절대 해서는
안 되는 아홉 가지 말

상사의 체면과 권력을 침범하거나 얕봐서는 안 된다.
아무리 좋은 상사여도 결국 권력의 동물임을 잊지 말아야 한다.

직장에 몸담고 있으면서 상사와 효율적으로 협력하면 자신의 커리어를 더욱 발전시킬 수 있습니다. 말을 내뱉은 사람조차도 미처 생각지 못한 중요한 정보가 스쳐 지나가는 말 한마디에 담겨 있을 때가 많습니다. 그렇기 때문에 사장과 대화를 나눌 때는 특히 다음의 아홉 가지 말은 섣불리 하지 말아야 합니다.

"이건 제 잘못이 아닌 것 같습니다."

회사나 조직에서 문제가 발생했을 때 설령 당신과 전혀 관련이 없는 일이더라도 "제 잘못이 아닙니다"라거나 "저는 아무 실수도 저지르지 않은 것 같은데요"라는 말은 하지 말아야 합니다. 그 문제는 분명 회사에 소속된 상사나 사장과 관련이 있을 겁니다. 이때 당신은 그저 상황을 모면하기 위한 책임 전가가 아닌 최대한 빨리 상대방이 적절한 아이디어를 낼 수 있도록 도와야 합니다. 이 순간 해결 방안을 내놓는 것은 바로 당신의 능력을 내보일 수 있는 중요한 기회입니다.

"안 되는 일입니다." "이 일은 줄곧 이렇게 해왔습니다."

업무 중에 처리하기 어려운 일을 대할 때 새로운 처리 방법을 찾기 위해 최선을 다해야 합니다. 기존의 형식과 사고방식만을 고집하려는 태도는 너무 안일해 보입니다. 또한 사장이 생각을 정리할 수 있도록 도와야 합니다. 자기의 의견을 고집하면 사장이나 상사에게 안 좋은 이미지만 남기게 됩니다.

"저는 현재에 무척 만족합니다."

이 말에는 '저는 새로운 임무를 맡고 싶지 않습니다'라는 의미가 강하게 내포되어 있습니다. 열정과 의욕 없는 사람으로 비칠 수 있습니다. 그런 직원은 어떤 상사도 원하지 않겠지요.

"제게는 더 큰 직함이 필요합니다."

요즘의 직장에서는 직함만으로 회사에 대한 당신의 공헌도와 가치가 대변되지 않습니다. 일은 하지 않고 자리만 탐하는 사람으로 보일 것입니다. 일단은 '실적 달성'을 맨 앞에 두고 자신의 직함을 마지막에 두어야 사장의 호감을 얻을 수 있습니다.

"저는 효율적으로 일하기 때문에 야근할 필요가 없습니다."

직장에서는 얼마만큼 많은 시간 동안 일했는지에 대해 최대한 신경 쓰지 않는 듯한 태도를 취해야 합니다. 그러면서 일에 매진하고 회사와 고객을 파악하며 업무를 숙지하고 실적을 쌓는 것이 무척 중요합니다. 물론 정해진 업무 시간 내에 일을 처리하는 것은 중요합니다. 하지만 저런 식의 태도는 자칫하면 회사에서 일에 전념하지 않고 출퇴근 시간이나 세고 있는 사람으로 보일 수 있습니다.

"저는 이 부서 사람들만 압니다."

직장에서는 절대로 '외딴 섬'이 되어서는 안 됩니다. 회사 각 부서의 책임자나 경영이념이나 일하는 방식을 제대로 파악하고 있어야 합니다. 그리고 소속된 조직과 다른 부서의 관계도 파악하고 있어야 합니다. 이는 직책이 높아질수록 더 중요한 자질이 될 것입니다.

"이번엔 제가 승진할 차례입니다."

요즘의 직장에서는 당신이 회사를 위해 얼마만큼의 능력을 발휘했는지, 어떤 특수한 기술을 갖췄는지, 회사 각 부서와의 협응능력을 갖췄는지 등이야말로 개인이 발전하고 성공할 수 있는 핵심입니다. 그저 회사에 오래 다닌 것만으로 승진을 바란다거나 높은 자리에 올라서 부하 직원을 거느리며 편하게 부려먹을 욕심만 내서는 안 됩니다.

"보고할 만한 새로운 내용이 없습니다."

자신의 업무에 대해 침묵하거나 업무와 관련돼서 별 말이 없으면 사장은 당신이 '업무에 소홀하다'고 간주할 수 있습니다. 사장이나 상사는 모두 혁신 능력과 업무 효율을 높이기 위해 노력하는 직원을 좋아하지 정체되어 있는 사람은 원하지 않습니다.

"제가 기술 분야에는 문외한입니다."

이런 말을 할 때 꼭 알아야 되는 점이 있습니다. 기술은 업무 효율을 높여준다는 사실을 말입니다. 때문에 기술 분야에 대해 한편으로는 강렬한 지적 욕구를 유지하면서 부단히 학습해야 합니다. 게다가 지나친 겸손은 오만이 되기도 합니다. 때때로 나이 든 선배들이 자기는 잘 모른다며 후배들에게 기술적인 일들을 처리하게 하는 경우가 있습니다. 뒤처져서 모를 수는 있지만, 배우려고 노력해야지 손 놓고 누군가 대신 해주기만 바라서는 안 됩니다.

마지막으로 주의해야 할 점이 있습니다. 사장을 대면할 때 한마디도 하지 않으면 역시 아무런 도움이 되지 않는다는 사실입니다. 직원과 대화를 나눌 때 사장이 직원에게 기대하는 것은 정보와 관점과 생각이기 때문입니다.

공개석상에서 상사를
허물없이 대하지 말라

상사에게는 친구도 필요하지만,
그보다 더 얻고 싶은 것은 부하 직원의 존중이다.

    당신의 상사가 당신에게 신뢰를 보이면서 종종 당신을 데리고 대외 장소에 참석한다고 하더라도 절대 그 이상의 욕심을 부려서는 안 됩니다. 당신이 다른 사람들 앞에서 상사에게 허물없이 대하면서 둘 사이가 특별한 관계라는 점을 과시하는 것은 위험한 행동입니다. 상사가 아무리 부하 직원에게 허용적이고 민주적인 태도를 취하더라도 어느 정도의 위엄은 필요하기 때문입니다.

    사람들 앞에서 상사에게 너무 친근하게 행동하면 상사의 위신을 떨어뜨릴 수 있습니다. 그러면 다른 동료들이 상사를 쉽게 보면서 그의 명령을 중요하지 않게 생각할 수 있습니다. 그러다가 점차 상사는 일을 추진하기가 어려워지고 또 당신이 상사 자신에게 반드시 있어야 할 위엄을 파괴했다는 사실을 알게 되면 분명 당신과의 거리를 두게 될 것입니다. 심한 경우에는 당신이 회사를 떠나야 할 수도 있습니다. 그래서 사적으로 당신과 상사의 관계가 아무리 좋더라도 공개적인 장소에서는 상사에게 너무 격의 없는 행동을 해서는 안 됩니다.

딩쯔가오는 입사한 지 이제 한 달이 되었습니다. 업무 능력이 출중해 사장은 그를 높이 평가했습니다. 어느 날 사장이 그를 사무실로 불러 친근하게 말했습니다. "이제 자네를 내 형제처럼 대하려고 해. 혹시 누군가 회사에 불리한 일을 하면 내게 꼭 좀 알려줘. 그런 일이 있을 때는 부장을 거치지 않고 직접 보고해주면 좋겠어."

딩쯔가오는 사장의 말에 날아갈 것 같은 기분이 들었습니다. '아, 사장이 나를 진짜 아끼나 봐! 생각지도 못했는데 속마음을 나한테 털어놓으시네.' 이런 생각을 하면서 매우 흡족해했습니다.

그러다 어느 날 사장이 딩쯔가오를 데리고 회사의 중요한 고객을 만나러 간 적이 있었습니다. 그때 사장은 그에게 건배할 수 있는 기회를 주었습니다. 일개 직원에게 기회를 준 사장에 대해 딩쯔가오는 크게 감동했습니다. 이윽고 딩쯔가오는 사장에게 술을 권하고 싶어 사장의 팔을 세게 잡아당겼습니다. 그리고 고객 앞에서 이렇게 말했습니다. "자, 우리 형제가 한 잔 마시겠습니다!" 딩쯔가오의 표정과는 정반대로 사장은 잔뜩 굳은 얼굴로 술을 마셨고, 이전과는 달리 아무 말도 하지 않았습니다.

이후에도 몇 차례 모임이 있었고, 그때마다 딩쯔가오는 여전히 사장에게 친근한 제스처를 취하면서 찰싹 붙어 어깨동무를 했습니다. 역시나 주변은 전혀 개의치 않고 말입니다. 결국 아주 사소한 일 때문에 딩쯔가오는 사장으로부터 해고 통보를 받았습니다.

사람은 누구나 존중받기를 원합니다. 심지어 어느 정도는 허영심도 있습니다. 당신이 상사에게 허물없이 대하는 태도는 다른 사람들에게 둘의 관계가 동등하다는 느낌을 줍니다. 리더의 입장에서 이런 일은 분명 용인할 수 없습니다. 별로 개의치 않는다고 말하는 리더가 있을지도 모릅니다. 하지만 리더는 분명 무례한 태도를 마음속 깊이 새겨둘 겁니다.

아무리 평소에 편하게 대하는 사이라도 다른 사람이 많이 모인 장소에서 부하 직원은 상황에 걸맞게 행동해야 합니다. '사장 형님'에 대한 맹목적인 믿음 때문에 자신의 촉망받는 앞날을 망쳐서는 안 됩니다.

리더가 스스로
알아주리라 기대하지 말라

소통은 이익을 만들어내는
가장 직접적이고 효과적이며 쉬운 방법이다.

직장에서 상사의 인정을 받고 싶다면 상사와의 소통에 주력해야 합니다. 자기 일에 몰두해 열심히 일만 하고 상사가 당신을 이해하거나 당신의 능력을 알아채도록 하는 데 적극적이지 않다면, 상사의 인정을 받기 어렵습니다. 그런 식으로 시간이 흐르면 상사는 당신의 능력에 대해 큰 기대를 하지 않고 도리어 고정관념을 갖게 됩니다. 이후에 당신이 아무리 큰 노력을 기울여도 인정을 받기 어려워질 것입니다.

마리는 합자회사에서 일하는 직원입니다. 입사한 지 약 2년 정도 됐는데, 자신의 일에 꽤 만족하고 있었습니다. 갓 회사에 입사했을 때 그녀는 별다른 고민이 없었습니다. 그저 자신에게 주어진 일만 잘 해내고 싶을 뿐이었습니다. 일을 잘하기만 하면 언젠가는 승진할 수 있겠지라고만 생각했습니다.

한편 마리의 상사는 평상시에 업무로 무척 바빴습니다. 하지만 마리의 동료들은 늘 상사와 이야기를 나누거나 차를 마실 기회를 잡으려고 했습니다. 마리는 그 상황이 이해가 되지 않았습니다. 이곳은 합자회사이고 능력을 통해 모든 것이 증명돼야 한다고 생각했기 때문입니다. 자기 일을 잘해내기만 하면 결국 상사의 마음에 들게 될 것이고요. 그래서 그녀는 평상시에 상사와 일상적인 업무와 관련된 대화 이외에는 더이상 깊은 소통이나 교류를 하지 않았습니다.

업무의 난이도가 끊임없이 높아지면서 마리는 상사와 갈수록 소원해지는 게 느껴졌습니다. 가끔은 상사가 업무를 인계할 때 그녀의 이름을 잘못 부른 적도 있었습니다. 평상시 회의를 할 때 상사가 그녀를 칭찬하는 일도 없었습니다. 매년 우수사원을 선정할 때에도 그녀를 염두에 둔 적이 없었으니, 승진은 더 말할 것도 없었습니다. 평상시 업무 능력이 그녀보다 못한 사람마저 높은 직책으로 승진하는 것을 지켜보며 마리는 무척 괴로웠습니다. 그녀는 자신이 평상시에 이렇게 열심히 일을 하는데 상사는 어째서 그녀를 봐주지 않는지 도무지 이해할 수 없었습니다.

마리는 가끔 자신이 이제는 회사에 별로 중요하지 않은 사람인 것 같은 느낌을 받으면서 업무에 대한 열정도 식어버렸습니다. 하루하루가 지날수록 마음이 실망감으로 가득 찼습니다. 상사가 자신을 감원 명단에 올려놓지나 않을까 늘 조바심이 났습니다.

상사의 인정을 받으려면 출중한 업무 능력을 갖추는 것은 물론입니다. 하지만 상사가 당신의 능력을 볼 수 있도록 하는 것 역시 중요합니다. 어떻게 상사의 마음에 남들보다 우수하고 좀 더 출중한 자신의 이미지를 남길 수 있을까요? 가장 직접적인 방법은 바로 리더와 자주 소통하는 것입니다.

업무 과정에서 상사나 리더의 인정을 받지 못하는 원인은 대개 자신을 표현하는 데 미숙하기 때문입니다. 혹은 애써 자신을 표현하더라도 어떤 이유에서인지 인정을 받지 못하기도 합니다. 이때 이용할 수 있는 모든 기회를 잡아 상사와 소통해야 합니다. 상사가 당신을 알고 당신의 능력과 생각을 이해하도록 하는 겁니다. 그렇게 당신에 대해 갖고 있던 상사의 관점을 변화시킬 수 있습니다.

물론 상사와 자주 소통하면서 상사가 당신을 알도록 하기 위해서는 우선적으로는 당신이 성실하게 일해야 합니다. 그렇지 않으면 상사에게 '말만 번드르르하다'는 좋지 않은 인상을 남기게 될 것입니다.

리더와 가까운 주변 사람을
지원군으로 만들어라

리더 주변 사람들을 무시해서는 안 된다.
관계를 잘 맺어놓으면 뜻밖의 상황에 도움을 받을 수 있다.

직장에서 많은 사람들이 하는 생각이 있습니다. '열심히 일하고 어느 정도 실적을 쌓으면 사장의 인정과 관심을 얻을 수 있을 거야. 그러면 곧 임금 인상도 되고 승진도 하겠지. 사장 주변 사람들은 신경 쓸 것 없지 뭐. 그 사람들 직책도 높지 않고 권력을 가진 것도 아니잖아. 나랑 직접적인 관련도 없는 사람들 고민을 왜 해? 그 사람들한테는 그저 밉보이지만 않으면 되겠지.' 만일 이렇게 생각하고 있다면 당신의 직장생활은 좀 더 피곤해질 수 있습니다.

류성은 유명 기업의 부장입니다. 업무 능력이 뛰어나 회사 사장도 그를 무척 높이 평가했습니다. 하지만 기업 최고경영자인 사장에 대한 류성의 태도는 별로 호의적이지 않았습니다. 반면에 사장의 조력자로 인사를 분담하고 있던 부사장과는 예상 밖으로 무척 가깝게 지냈습니다. 해마다 명절이면 꼭 찾아가 인사할 정도였습니다.

주위 친구들은 류성의 행동이 이해되지 않았습니다. 사장은 분명 매력적인 인재를 잘 골라 적재적소에 배치할 줄 아는 사람인 데 반해 부사장은 능력도 없으면서 뭔가 꿍꿍이가 있는 사람이었던 겁니다. 도대체 왜 애써 부사장의 비위를 맞추고 있는지 모를 일이었습니다. 친하게 지내던 친구들이 꼬치꼬치 캐묻자, 류성은 어쩔 수 없이 속내를 털어놓았습니다.

"사장은 바르고 좋은 사람이지. 네가 일만 잘하면 그 사람은 너를 높이 쳐줄 거야. 자신과의 관계 같은 것은 별로 고려하지도 않고 말이야. 하지만 부사장은 달라. 그런 사람은 업무적으로 능력을 얼마나 발휘하는지가 중요한 게 아니라, 동료 간의 행동거지에 관심을 둔단 말이지. 만일 그만큼의 위치에 있는 사람이 뒤에서 너에 대해 부정적인 영향을 미친다면 그걸 참아낼 수 있을까? 아마 견디기 힘들 거야. 그러니까 내가 그 사람과 그렇게 좋게 지내는 건 어디까지나 그 사람이 내 뒤에서 나한테 해코지하지 않게 하려는 것뿐이야."

아니나 다를까, 한번은 회사에서 인재 몇 명을 선발한 일이 있었습니다. 외국으로 유학을 보낸 뒤 귀국하면 곧바로 회사 본부의 요직을 맡기려는 계획이었습니다. 거기에 류성이 선발되었습니다. 물론 사장이 그를 신임했기 때문이기도 하거니와 그에 대한 부사장의 긍정적 피드백이 작용했기 때문입니다.

류성의 이야기는 시사해주는 바가 있습니다. 리더와 관계가 친밀한 리더 주변의 사람들은 직접적인 결정권이 없더라도 리더에게 엄청난 영향력을 행사할 수 있다는 점입니다. 리더의 조수나 비서, 혹은 주위 동료나 배우자 등과 관계를 잘 유지하거나 더 나아가 친구가 된다면, 당신의 앞날에 무척 중요한 역할을 해줄 것입니다.

리더와 관계가 밀접한 사람은 그들의 특수한 입장 때문이라도 리더보다 훨씬 존중하고 이해해야 합니다. 회사 내에서 그들의 무게감이 그리 크지 않더라도 그들을 얕잡아봐서는 안 됩니다. 특히 그들의 업무 능력을 무시해서는 안 됩니다. 그랬다가는 당신이 곤란한 처지에 놓였을 때 강력한 지원자를 잃고 후회하는 상황이 발생할 수도 있습니다.

'충동적 관여형' 리더에 대해서는
평상시에 대비하라

비 오기 전에 수리하라. 목마르고 나서 우물 파지 말라.

– 주백려朱柏廬(명말청초 이학자이자 교육자)

어떤 리더는 갑자기 터진 일을 너무 심각하게 생각합니다. 그래서 그런 상황이 발생하면 일단 현재 진행 중인 일을 모두 중단하고 최대한 빨리 당면한 일을 처리해야 한다고 생각합니다. 이런 리더를 만나면 알 수 없는 어떤 상황 때문에 자신의 업무 계획이 흐트러지고 맙니다. 그리고 계획과는 전혀 동떨어진 어딘가를 향해 가방을 들고 바쁘게 달려야 하지요. 다시 돌아와 사무실 책상에 앉기도 전에 상황은 종잡을 수 없는 지경이 되어 있고요.

이런 상사 밑에서 일하면 몹시 시달립니다. 하지만 대응 방법이 전혀 없는 건 아닙니다. 다만 자신의 업무 방식을 바꾸면 수월하게 대응할 수 있습니다. 구체적인 대응 방안은 다음과 같습니다.

기록하는 습관을 들여 리더의 입을 막는다

물론 상사의 일처리 스타일을 변화시킬 수는 없습니다. 대신 노력을 통해 자신을 변화시켜 중압적인 환경 속에 쉽사리 빠져들지 않도록 하면 됩니다. 상사가 업무를 배치할 때 열심히 기록해야 합니다. 아무리 좋은 기억력도 낡은 펜만 못하기 때문입니다.

그리고 최대한 모든 업무의 구석구석까지도 정확히 이해하고 명문화된 증거를 만들어야 합니다. 그 모든 것들은 자신이 해낸 업무에 대한 기록입니다. 상사가 만일 또다시 일시적으로 당신을 다른 임무에 보낸다면 그 역시나 증거 자료가 될 수 있습니다. 상사에게 자신이 했던 일을 보일 수 있는 겁니다. 상사는 그 기록들을 본 뒤에야 당신의 고생과 노력을 알게 될 것입니다.

우회적으로 리더가 자신의 실수를 깨닫게 한다

사실 상사들이 이런 행동을 하는 것은 인력 자원에 대한 낭비입니다. 오로지 직원에게 명령을 내릴 줄만 알지 직원의 업무계획과 처리상황에 대해서 신경 쓰지 않는다면, 업무 효율을 높이기는커녕 되레 떨어뜨리게 됩니다. 이런 상황에서는 상사의 기분이 좋을 때 상사가 하달한 명령이 과연 직원이 받아들일 수 있는 것인지, 변동이 너무 잦은 것은 아닌지 반성해보도록 넌지시 이야기를 해보는 것도 좋습니다.

혹은 회식이나 분위기가 좋은 장소에서 상사에게 직원의 고충을 알려주는 것도 좋은 방법입니다. 상사가 현재 취하고 있는 잘못된 방법 때문에 직원이 스트레스를 받고 있다는 점을 우회적으로 설명하고 잘못된 점을 고쳐주었으면 한다는 의견을 전달하는 겁니다.

적절한 시기와 방법을 사용해야 상사로 하여금 자신이 직원들에게 가하는 스트레스가 얼마나 심각한 지경인지 제대로 알도록 할 수 있습니다. 똑똑한 상사라면 알면서도 무책임하게 직원이 자신의 잘못을 책임지도록 하지는 않을 것입니다.

'트집 잡기형' 리더일수록
융통성 있게 대하라

트집 잡기형 상사를 대하는 가장 좋은 방법은
최대한 준비하되 최종 결정권은 넘기는 것이다.

'트집 잡기형' 상사는 당신이 어떤 방안을 내놓더라도 늘 'NO!'라고
대답합니다. 이런 공격을 한두 차례 받으면 열정이 식고 자신의 능력에
대한 회의가 들면서 정신적 스트레스도 가중됩니다. 이런 상사는 어떻
게 대해야 할까요?

최대한 철저하게 다양한 대안을 준비한다

먼저 최대한 노력해서 리더가 'OK!' 사인을 내리도록 해야 합니다.
가령 사전에 여러 가지 선택지를 마련해놓고 리더가 그중 하나를 고를
수 있도록 하면 됩니다. 만일 리더가 만족하지 못한다면 유머러스한 방
식으로 리더가 당신에게 완벽한 방안을 제시하도록 하고 리더의 의견
대로 하면 됩니다. 그렇게 하면 리더의 만족을 얻어낼 수 있습니다.

불시의 반격으로 대응한다

일단 사전에 몇 가지 핵심적인 방안을 '트집 잡는 사람'의 시선으로 자세하게 살펴 정성들여 준비합니다. 만일 리더가 고개를 흔들면서 부정적인 제스처를 취하면 다시 몇 가지 방안의 좋은 점을 한데 묶어 결점을 보완하도록 합니다.

그런 뒤 적절한 기회에 리더에게 의사를 표시하면 됩니다. 최대한 완벽한 방법으로 일을 하겠지만, 만족스럽지 않은 부분이 있다면 지적해주기를 바란다고 말입니다. 이 방법은 분명 리더에게 불시의 반격을 가하는 것입니다. 최종적으로는 자신의 업무 스트레스를 내려놓을 수 있고 되레 스트레스를 전가할 수도 있습니다.

리더를 관찰하고 기회를 살펴 행동한다

상황이 좋지 않을 때 리더의 기분 역시 좋지 않게 흘러갈 수 있습니다. 리더의 기분이 좋지 않으면 무엇을 보든 무척 짜증스럽게 받아들이기 쉽습니다. 그래서 업무 성과를 제출하기 전에 먼저 리더의 상태를 살펴볼 필요가 있습니다. 그리고 기회를 봐서 행동에 옮기면 됩니다. 리더의 기분이 좋을 때가 가장 적절한 기회이기는 합니다. 하지만 리더의 기분이 좋다고 해서 당신의 업무 성과에 대해 트집을 잡지 않으리라는 보장은 없습니다.

'드림형' 리더는
이해하면서 편하게 대하라

'드림형' 리더는 일벌레로, 부하들도 자신과 같으리라 여긴다.
관용적인 태도로 이해하고 솔직한 마음으로 소통하라.

실제 업무를 하다 보면 이런 상사들이 꼭 있습니다. 그 사람 본인은 일벌레인 데다가 동시에 부하 직원들도 자기와 마찬가지로 일을 목숨처럼 여겨주기를 바랍니다. 때문에 부하 직원에게 업무를 안배할 때에 일을 아낌없이 퍼줍니다. 마치 아끼던 선물을 주는 것처럼 말이지요. 그래서 이런 상사를 '드림형'이라고 합니다.

통상적으로 '드림형' 리더는 자신이 부하 직원에게 안배한 임무의 양이 어느 정도인지, 업무를 완수하는 데 얼마 정도의 시간이 필요한지에 대해서는 신경 쓰지 않습니다. 그는 부하 직원이 응당 사무실을 집처럼 여길 뿐만 아니라 밤낮으로 책상에 앉아 일할 것으로 생각합니다. 만일 당신이 이런 상사 밑에서 일한다면 그야말로 불행입니다. 이렇게 매일 시달리고 스트레스를 받으면서 시간을 보낼 수밖에 없는 것이지요.

그렇다면 이런 상사에게는 어떻게 대처해야 할까요? 이런 상사에게 변화를 바란다는 것은 불가능합니다. 변해야 하는 것은 그저 자신의 업무 방식이나 심리 상태일 뿐입니다. 이 두 가지를 잘 조정하면 스트레스를 줄일 수 있습니다.

자신의 고충을 솔직히 전달한다

상사와 잘 협력하고 싶다면 먼저 그를 존중해야 합니다. 그가 준 임무는 분명 최선을 다해 완성해야 합니다. 하지만 만일 업무량이 너무 많고 개인이 감당할 수 있는 수준을 넘었다면 무턱대고 무리하게 업무에 헌신해서는 안 됩니다. 이런 상태를 말로 표현하지 않으면 상사는 당신이 감당하고 있는 일이 이미 경계선을 넘어서버렸다는 사실을 알지 못합니다. 또한 '드림형' 리더를 만나면 무턱대고 그를 비난해서는 안 된다는 점에 주의해야 합니다. 사람들마다 업무를 감당할 수 있는 능력은 다 다릅니다. 그런데 어떻게 한 사람이 부하 직원이 임무를 수행하는 과정에서 느끼는 고충을 충분히 다 알 수 있겠습니까?

소통하기 위한 적절한 방식을 찾는다

업무 스트레스가 너무 클 때 적절한 방식으로 상사와 소통하고 교류하는 게 좋습니다. 말만으로는 일부러 핑계를 댄다고 의심받을 수 있습니다. 서면으로 업무 시간 안배와 업무 과정을 제출하면서 당신의 업무량이 과도하게 많다는 점을 데이터로 증명하면 됩니다. 이렇게 하면 상

사의 신뢰를 얻을 수 있고, 과도하게 집중된 업무는 효율적으로 줄여나
갈 수 있습니다.

합리적이고 정확한 소통으로 상사가 당신의 요구를 이해하도록 함
으로써 적절한 선에서 당신의 업무량이나 업무 완수 시간을 조절할 수
있습니다. 경우에 따라서는 인력이 충원되어 부담을 덜게 될 수도 있을
것입니다.

갈등이 생겼을 때는
리더의 화부터 가라앉혀라

어차피 칼자루를 쥐고 있는 것은 당신이 아니다.
무턱대고 상사와 대립각을 세워봐야 소용 없다.

리더와 소통하는 과정에서 당신이 의도했든 의도하지 않았든 간에 갈등 상황을 피하기는 어렵습니다. 하지만 리더의 미움을 사는 것은 어떤 면에서든 좋은 일이 아닙니다. 전출을 가거나 사직할 생각이 없다면 분명 대치 국면에 빠지게 될 것입니다. 이럴 때 다음의 몇 가지 대응책은 당신이 융통성을 발휘할 수 있는 여지를 줄 것입니다.

리더의 지적을 대하는 관점을 바꿔본다

리더가 불만을 표하면 대다수 사람들은 괜한 시비를 건다고 생각합니다. 그렇게 되면 갈등이 발생할 수밖에 없습니다. 하지만 관점을 바꿔 리더가 당신의 업무 능력을 향상시키기 위해 잘못을 지적한다고 생각한다면, 리더의 지적을 기꺼이 받아들일 수 있습니다. 또 문제점을 개선하기 위한 계획과 방안을 적극적으로 고심할 것입니다. 이러한 당신의 모습을 본 리더 역시나 무척 흡족해하겠지요. 그러면 갈등도 발생하지 않을 것이고, 당신 역시 더 이상 큰 고민을 할 필요가 없어질 것입니다.

리더의 체면을 생각한다

리더와 갈등이 발생한 뒤에는 그와 당신 사이에 생긴 틈을 없애야 합니다. 리더는 체면을 중시합니다. 이때 당신이 먼저 우호적인 태도를 보이며 오해를 해소하고 갈등을 없애는 게 좋습니다.

만일 잘못의 원인이 당신에게 있다면 갈등을 일으킨 문제점을 찾아내서 용서를 구하고 진실된 마음으로 리더에게 사정을 설명해야 합니다. 그리고 이후에는 이번 일을 거울삼겠다는 각오를 내비치면서 앞으로도 계속 리더의 관심을 얻기를 바란다는 뜻을 전해야 합니다. 반면에 문제의 소지가 리더에게 있다면, 부드러운 방식으로 자신의 생각을 리더에게 이야기하는 게 좋습니다. 그리고 당신 역시 일시적 충동이나 미숙한 일처리 등에 대해 품위를 떨어뜨리지 않는 선에서 인정하고 리더에게 너그럽게 받아들여주기를 요청해볼 수도 있습니다.

이렇게 하면 서로 간에 소통할 수 있을 뿐만 아니라 리더의 체면을 세워줄 수도 있습니다. 당신과 리더의 관계를 회복하는 데도 도움을 줄 것이고요.

편안한 상황을 만들어 리더의 불만을 해소해준다

모든 리더들은 자신의 권위를 중시하고 부하 직원의 존중을 얻고 싶어합니다. 그래서 당신과 리더 사이에 갈등이 생긴 뒤에는 최대한 빨리 갈등을 없애야 불쾌감이 사라질 수 있습니다. 회식이나 친목 행사처럼 편안한 자리에서 리더에게 안부를 묻거나 건배를 제의하면서 리더를 존경하고 있다는 표현을 하면 됩니다. 리더는 그 표현을 마음에 새기고 당신에 대한 불만을 없애거나 약화시킵니다. 동시에 다른 사람에게 당신이 갖춘 능력이나 매너를 이야기하게 될 겁니다.

거절하는 데에도
예의와 기술이 필요하다

상사에게 무조건 복종할 필요는 없다.
하지만 지시를 거절할 때는 합당한 이유로 납득시켜야 한다.

　부하 직원은 상사에게 소속되어 있지만, 그래도 독립된 인격을 갖고 있습니다. 그래서 어떤 일이든 선악이나 시비를 가리지 않고 무조건적인 복종을 할 수는 없습니다. 그러므로 상사나 리더가 당신에게 이치에 맞지 않거나 합당하지 않은 일을 맡기면 적절한 선에서 거절할 필요가 있습니다.

　물론 상사가 지시한 임무를 거절하려면 기교가 필요합니다. 다른 사람들이 보는 앞에서 상사가 지시한 것을 서툰 방식으로 거절해 체면을 구겨놓으면 고생길이 펼쳐질 수밖에 없습니다.

　"샤오장, 오늘 내로 이 연설문을 컴퓨터에 옮겨 써놓도록 해. 반드시!" 사장은 최소한 300~400쪽 정도는 될 법한 두둑한 원고지를 들고 비서인 샤오장에게 말했습니다.

샤오장은 원고지를 받아들자마자 난색을 표하며 부루퉁하게 대답했습니다. "이렇게 많은 걸요? 오늘 안에는 다 못 할 것 같아요. 내일까지 하면 안될까요?" 그러자 사장이 불쾌한 표정으로 소리를 질렀습니다. "이까짓 일도 못하면서 밥은 꼭 챙겨먹지? 못 끝내겠다고? 아무짝에 쓸모없는 인간 같으니라고. 그런 식으로 갈 데라도 있으면 어디 가봐!"

이렇게 샤오장은 해고당하고 말았습니다.

이 정도 일로 해고까지 하는 것은 가혹한 처사지만, 샤오장 스스로 자초한 일이기도 합니다. 그녀처럼 서툴게 직접적으로 사장의 명령을 거절하고 위신을 깎아내리면 누구라도 해고는 피하기 어렵지요.

사실 샤오장은 훨씬 융통성 있게 대처할 수 있었습니다. 일단 사장의 지시가 떨어지자마자 원고 뭉치를 가져와 옮기다가 한두 시간쯤 지난 뒤 지금까지 타이핑한 원고를 사장에게 건네는 겁니다. 그때 완곡하게 자신의 고충을 말한다면 사장은 분명 자신의 말이 지닌 힘에 만족스러워하겠지요. 또한 자신의 요구에 불합리한 지점이 있다는 점을 깨닫고 시간을 더 연장해주었을 것입니다. 이렇게 하면 별로 중요하지도 않은 이런 일 때문에 해고되는 일은 없었을 것입니다.

제4장

/

엄격하지만
포용력 있게

- 부하 직원과의 관계 원칙 -

/

쇠를 두드리려면
망치부터 단단해져야 한다

다른 사람 탓만 하는 사람은 성장할 수 없지만,
자신을 깊이 성찰하는 사람은 끊임없이 발전한다.
– 쩡스창曾仕强(경영학 전문가)

　고대의 전쟁 장면을 극화한 영상을 보면, 양쪽에 군대가 대치 중인 상황에서 늘 장군이 먼저 나서서 고함을 치면서 적군을 도발하고, 사병들은 그 뒤에서 쉼 없이 함성을 지르면서 응원합니다. 중국의 전쟁 드라마인 〈빛나는 검亮劍〉에는 거의 매회 교전을 벌이는 전장 신이 등장하는데, 대오의 책임자인 리윈룽의 모습이 빠지지 않고 나옵니다. 한번은 돌격작전 중에 그가 자진해서 돌격대 대장이 되겠다고 나서자 사병들의 사기가 하늘을 찔러 전투에서 대승을 거둡니다.

　이런 장면이 경영자들에게 주는 메시지가 있습니다. 백 번 '큰 소리로 외치기만 하는 것보다 직접 행동으로 보여주는 게 낫다.' 물론 여기에서 '행동으로 보여주라'는 말의 의미는 책임자가 업무 과정에서 겉치레에만 신경을 쓰라는 말은 아닙니다. 성실하게 업무를 수행하라는 것이지요. 이렇게 해야 팀원들이 고무되어 열정적으로 일할 수 있고 업무 효율을 높일 수 있습니다.

나폴레옹은 자신의 용맹스러운 기세를 내세워 부대의 사기를 높이고 전투력을 고취시켰습니다. 위험천만한 순간에 내보이는 장수로서의 굳센 결의와 모범적 행동이야말로 전투를 승리로 이끄는 거대한 정신적 지주라고 굳게 믿었던 것입니다.

레노버 그룹 내부에는 하나의 규정이 있습니다. 20명 이상의 인원이 모이는 규모의 회의에 1분 늦을 때마다 1분 동안 벌을 서는 것이었습니다. 그런데 이 규정이 실시된 뒤로 제일 처음 규칙을 위반한 사람이 공교롭게도 임원급 인사였습니다. 당시 그룹 사장이었던 레노버의 창업자 류촨즈柳傳志는 무척 난감했습니다. 벌을 서고 있는 고위급 인사도 긴장을 했는지 온몸에 땀이 줄줄 흘러내렸습니다. 류촨즈 본인도 안절부절못하며 온몸이 땀범벅이었습니다.

사실 류촨즈 본인도 규정을 세 차례 어겼는데, 그중 한 번은 엘리베이터에 갇혀 있느라 늦었습니다. 아무리 문을 두드려도 찾아오는 이가 없어 한참 뒤에야 겨우 엘리베이터에서 나올 수 있었습니다. 하지만 아무런 변명 없이 자진해서 벌을 섰습니다.

기업에서는 경영자가 솔선수범해야 직원들이 따르고 조직도 전체적으로 합심하려는 업무 심리가 형성됩니다. 솔선수범하는 경영자에게는 멋진 리더의 이미지에 독특한 인간적 매력까지 더해집니다. 또한 믿음과 용기와 능력을 선보이면서 직원들이 힘차게 일할 수 있도록 이끄는 기회가 주어집니다.

이처럼 솔선수범하는 행동은 큰소리치면서 부하 직원들에게 명령만 내리는 것보다 훨씬 강력한 경영 효과를 낼 수 있습니다.

잘못은 과감하게 인정하고
공은 부하에게 돌려라

잘못을 인정하는 것이 체면을 깎는 일은 아니다.
오히려 발뺌하는 태도가 더 격을 떨어뜨린다.

일부 기업 내부에는 다음과 같은 일이 심심찮게 발생합니다. 공로가 있으면 리더에게 돌아가고, 과실이 있으면 부하 직원에게 전가하는 행태가 바로 그것입니다. 최악의 상황입니다. 부하 직원들의 근무 의욕은 떨어지고 조직 전체의 업무 실적에도 영향을 미칠 것입니다. 현대 경영의 아버지인 피터 드러커Peter Drucker는 이런 지적을 했습니다.

"자신이 관장하고 있는 부서에 문제가 발생했을 때 리더는 책임을 전가해서도 안 되고 부하 직원에게 불만을 토로해서도 안 된다. 적극적으로 책임을 지고 자신의 경영 방식에서부터 원인을 찾아야 한다. 공로가 있다면 응당 부하 직원에서부터 치하를 받도록 해야 한다. 그래야 부하 직원들이 소속감을 갖고 팀 정신을 고취하면서 업무 실적을 향상시킬 수 있다."

베이징대학교를 졸업하고 중국 최대의 교육 업체인 신둥팡 그룹을 창업한 위민홍은 경영자의 소양에 대해 이렇게 언급했습니다.

"나는 과실을 인정할지언정 체면을 차리려고는 하지 않는다. 경영자라면 넓은 마음으로 잘못을 인정해야 한다. 그래야 제 역할을 다할 수 있고 위신을 세울 수도 있다. 잘못을 인정하는 것이 내게는 그리 어려운 문제가 아니다. 내가 잘못을 인정하지 않으면 아마도 나의 고위급 경영자들로부터 아주 오랫동안 욕을 먹을 것이다. 그럴 바에는 차라리 곧바로 인정하는 편이 낫다.

신둥팡의 원로들은 여태껏 나를 리더로 여겨본 적이 없다. 그래서 나쁜 점이라면 신둥팡의 구조를 조정하고 경영하는 난이도가 훨씬 높아졌다는 점이다. 좋은 점이라면 과감히 나를 꾸짖을 수 있기 때문에 그 즉시 내 잘못을 고칠 수 있다. 그들은 대학 친구들이기 때문에 그들에게 잘못을 인정한다고 체면 깎일 일은 없다. 그러고 나면 부하 직원에게 내 잘못을 시인하는 것도 그다지 어려운 일이 아니라는 점을 깨닫게 된다. 한번은 내가 한 직원을 질책한 적이 있었다. 다소 심하게 꾸짖어서 그의 자존심에 상처를 냈다. 이튿날 그 직원에게 내 잘못을 인정하는 이메일을 보내 사과했다. 직원은 크게 감동했는지 일도 더 열심히 하고 성과도 내겠노라고 약속했다.

상황은 이렇게 돌아간다. 그러니 과감하게 잘못을 인정해야 한다. 공로를 치하할 때는 부하 직원들부터 치하를 해주어야 리더의 품위가 살아나고 위신을 세울 수 있다."

천리를 쌓은 제방도
개미굴 하나에 무너진다

맺고 끊을 때는 단호하고 신속해야 한다.
상벌이 분명해야 사람의 마음을 얻을 수 있다.

기업 경영을 하다 보면 리더들은 여러 가지 상황에 처하게 됩니다. 특히 부하 직원이 과오를 저질렀을 때 직접적으로 처벌하면 부하 직원들은 너무 심한 결정이라고 생각해 그 리더와 거리를 두게 됩니다. 하지만 이와 비슷한 상황에 처했을 때 어떻게 처리해야 할지 모르는 사람이 태반입니다. 이러지도 저러지도 못하는 상황에서는 어떻게 행동해야 할까요?

정관貞觀 시기, 당태종 이세민의 당숙부堂叔父인 회안왕淮安王 이신통李神通이 권세를 믿고 세도를 부렸습니다. 조정 백관들은 안중에도 두지 않았습니다. 그가 수차례 문제를 일으켰음에도 태종은 체면 때문에 이신통을 추궁하지도 못했습니다.

그러던 어느 날 회안왕이 황궁에 불려가게 됐습니다. 궁에 들어갈 때 그는 몸에 지니고 있던 패도佩刀도 풀지 않은 채 각문閤門으로 들어섰습니다. 그런데 감문교위監門校尉는 그가 각문을 벗어난 뒤에야 그러한 상황을 발견했습니다. 이에 상서우복야尙書右僕射 봉덕이封德彜가 의견을 올렸습니다. 제때 상황을 파악하지 못한 감문교위를 파직하고 법에 따라 마땅히 사형을 내려야 한다고 말입니다. 또한 회안왕도 패도를 풀지 않고 입궁하는 잘못을 저질렀으니 최소한 징역 2년에 벌금으로 동銅 20근을 내야 한다고 했습니다. 그러나 태종은 회안왕이 황제의 친척이고 또한 총애하는 신하인지라 가볍게 처벌하고 싶어 모든 징벌을 면하라고 명했습니다.

이때 대리소경大理少卿의 벼슬을 하고 있던 대주戴冑라는 신하가 태종에게 간언했습니다. "황제께서는 천리를 쌓은 제방이 개미굴 때문에 무너지는 소리가 들리지 않으시옵니까. 황제께서는 고작 회안왕의 잘못을 몇 번 눈감아주었을 뿐이라고 생각하시겠지만, 이렇게 해서는 아니 됩니다. 조정 전체가 일어나 반대하고 있습니다. 이런 식으로 지속되면 조정의 백관들도 횡포를 일삼을 것이고 결국에는 조정 전체가 불안정해지고 더 큰 화를 입게 될 것입니다."

그 말을 듣자 하니 꽤 일리가 있어 태종은 회안왕에게 마땅한 벌을 내렸습니다.

경영자의 신분으로 부하 직원에게 공평하게 대하고 상벌을 엄격하게 적용하는 것은 아주 중요합니다. 베이징대학교 경영학부 교육 이념에 따르면, 지위가 높은 사람은 사소한 일이라고 해서 섣불리 자신의 부하 직원을 용서해서는 안 되고 공평하게 처리해야 한다고 합니다. 물론 그렇게 하는 것은 쉬운 일은 아니지만, 쉽지 않은 일이라고 해서 공평하게 처리하지 않으면 다른 사람들이 보기에 리더가 편파적이라고 생각하게 됩니다. 그리고 다음부터 정해놓은 규정의 효력은 발휘하기가 어려워집니다.

리더로서 자신의 관용과 넓은 포용력을 보여주고 싶더라도 절대 제도를 파괴하고 화합을 저해하는 일에 관용과 포용력을 보여서는 안 됩니다. 리더의 노하우와 지혜가 절대적으로 필요한 지점입니다.

일은 일로 평가해야지
사람을 비난해서는 안 된다

그 어느 누구에게도
한 사람의 존엄과 인격까지 모독할 권리는 없다.

아무리 엄격한 상사라도 부하 직원이 실수했을 때 비판하는 것은 그다지 마음 편한 일이 아닙니다. 그런데 가끔은 경영 지식과 노하우가 부족한 리더가 무턱대고 비난을 퍼부었다가 직원이 몸 둘 바를 몰라 하는 경우도 있습니다. 그렇게 보면 비판도 하나의 기술입니다. 경영자가 부하 직원을 비판하는 방법을 모르면, 조직의 업무 효율만 떨어집니다. 심지어는 조직 전체의 업무 분위기에 영향을 미칩니다.

일반적인 상황에서 리더는 다른 사람을 비판할 때 다음 두 가지에 유의해야 합니다.

첫째, 최대한 사람이 아닌 일만 놓고 따져야 합니다. 물론 일은 사람이 하는 것이지만 부하 직원을 비판할 때는 최대한 일에 집중해서 따져야 합니다. 이렇게 하는 것은 상사가 부하 직원에 대해 선입견을 갖고 있다는 생각을 방지하기 위함입니다. '사람이 아닌 일만 따지는 것'은 부하 직원이 객관적으로 자신의 문제를 평가할 수 있도록 해서 진심으로 잘못을 인정하게 할 수 있습니다. 또한 부서 내부적으로 공평한 경쟁 환경을 조성해 부하 직원이 자신의 이익을 위해 아부하려는 생각을 버리게 할 수 있습니다.

둘째, 부하 직원을 위협해서는 안 됩니다. 경영 과정에서 부하 직원을 위협하면 그는 상사가 '직권을 남용해 자신을 업신여긴다'는 느낌을 받습니다. 또한 경영자와 부하 직원의 대립을 유발할 수 있습니다. 이런 대립은 부서 내부의 단합에 큰 해를 입힙니다. 만일 부하 직원이 인격적인 모독을 당했다고 느끼면 아무래도 회사를 위해 열심히 일하기가 어렵습니다. 비판의 핵심은 부하 직원이 자신의 잘못을 인식하도록 하는 데 있습니다. 따라서 목적을 달성했다면 최대한 빨리 비판을 마무리 지어야 합니다. 도가 지나친 비판은 반성하는 대신 상대방을 짜증나게 할 수 있습니다.

만일 비판을 할 때 감정을 다치게 했다면, 며칠 내로 다시 한번 터놓고 이야기를 나누면서 오해를 풀어주어야 합니다. 만일 비판 이후에도 부하 직원이 나아지지 않는다면 지속적으로 문제를 일으키는 원인이 무엇인지 진지하게 분석해야 합니다. 무작정 비판만 해서는 안 됩니다.

실수와 잘못에 대해
과감히 대신 책임져라

비난은 조직을 경직되게 만들고
이해와 포용은 책임감과 안정감을 준다.

경영자로서 부하 직원이 업무를 수행하는 과정에서 잘못을 저질렀거나 책임을 져야 하는 상황에 처했을 때, 어떤 태도를 취해야 할까요? 부하 직원에게 책임을 추궁하고 자신과 부하 직원의 관계를 분명히 할 건가요? 아니면, 과감하게 책임을 지고 부하 직원과 문제를 마주할까요?

훌륭한 경영자는 전자를 선택하지 않을 겁니다. 부하 직원의 잘못이 사실은 자신의 잘못이기 때문이고, 애초에 자신이 마땅히 해야 할 임무를 다하지 않아서 생긴 문제이기 때문입니다. 이처럼 과감하게 책임을 대신 지는 것이 바로 훌륭한 경영자가 마땅히 갖춰야 할 소양입니다.

임무를 완수하는 과정에서 부하 직원은 실수나 예상치 못한 사고를 일으킬 가능성이 큽니다. 설령 그들이 책임감 있고 해당 업무의 적임자라고 해도 피할 수 없는 일입니다. 툭하면 심하게 호통 치고 불호령을 내리는 상사를 둔 부하 직원은 업무 도중에 심한 불안감을 느낄 수밖에 없습니다. 그렇게 오랜 시간이 지나면 상사와 거리감이 생기면서 소원해집니다. 정신과 체력을 다 쏟아 부어 노력을 했는데도 실수를 했을 때, 자신의 상사가 '모든 책임은 나한테 있어!'라고 한마디만 해주면 마치 '진정제' 한 알을 먹은 것처럼 부하 직원은 들썩이던 마음을 다잡고 깊은 감동을 느끼게 됩니다. 당연히 스스로 반성하면서 이후로는 어떤 일을 수행하든 더욱 최선을 다하고 충성을 바칠 것입니다.

아시아 최고의 재벌 청쿵 그룹의 회장인 리자청李嘉城이 시계 회사의 견습생이던 시절의 일입니다.

한번은 그가 스승님이 안 계신 틈에 시계 수리를 하려다가 시계 하나를 망가뜨렸습니다. 그는 자신이 큰일을 저질렀다는 사실을 깨달았습니다. 시계를 변상해야 함은 물론이고, 앞으로 일도 하지 못하게 될 거라 생각했습니다.

하지만 스승님은 그 일을 알고도 그를 나무라지 않았습니다. 다만 다음에는 같은 실수를 하지 말라고만 이야기했습니다. 그러고는 리자청을 대신해 그 일에 책임을 지고 상사에게 처분을 요청했습니다. 리자청의 이름은 언급하지도 않았습니다.

경영자가 과감히 책임을 지는 것은 아주 고귀한 품성이자 반드시 갖추어야 할 기본 소양이고 리더십의 중요한 기술입니다. 부하 직원이 경영자를 평가할 때는 대개 경영자가 책임감이 있느냐 없느냐를 따집니다. 경영자가 만일 중요한 순간에 책임을 지면 부하 직원은 큰 안정감을 얻을 수 있습니다. 또한 부하 직원이 적극적으로 반성하고 책임을 지려고 하게 됩니다. 더욱 중요한 점은 부하 직원의 마음에 확고한 신념을 심어줄 수 있다는 것입니다. 그러면 직원들은 실수하는 것에 두려움을 느끼지 않고 과감하게 일함으로써 조직의 발전을 위해 최선을 다할 것입니다.

우수한 인재를
곁에 남겨두는 방법

투자 없이는 생산도 없다.
무언가를 얻으려면 먼저 내놓을 줄 알아야 한다.

모든 기업들은 그 기업만의 핵심 인재를 보유하고 있습니다. 핵심 인재들은 기업 이윤의 주된 창출자이자 기업 발전에 튼튼한 기둥 역할을 합니다. 그들을 어떻게 붙잡아둘 수 있을지를 놓고 특히 중소기업 경영자들은 골머리를 앓습니다. 이와 관련해 중소기업의 사장은 이런 소감을 밝혔습니다.

"창업 초기에 경영자가 기업의 핵심 인재를 붙잡을 수 있느냐 없느냐는 사업의 성패를 직접적으로 가름할 정도입니다. 물론 창업 초기에 기업이 제공하는 연봉으로 직원들을 만족시킬 수는 없습니다. 상황이 그렇게 된 이상, 저는 기업의 20퍼센트에 해당하는 핵심 인재만 만족시키는 방법을 택했습니다. 일단 기업 발전에 일조한 내부 핵심 인재들이 주식을 매입하게 했습니다. 우리 사주를 원 플러스 원으로 해서 반값에 살 수 있게 한 겁니다. 그리고 5년 안에 주식을 팔면 원금만 돌려주고 5년 뒤에 팔면 원금의 3배를 벌 수 있도록 했습니다. 매년 기업 순이익의 60퍼센트를 배당했던 거죠. 어쨌든 돈은 같이 벌어야 하니까요. 하지만 주주가 일단 기업 이익에 손해를 미치는 행동을 하면 두 배로 처벌했고 출자금에서 공제했습니다. 이렇게 했더니 꽤 좋은 효과가 나더군요. 근 5년 동안 이직한 주주가 한 명도 없었고, 회사의 핵심적 직위에도 주주가 자리를 잡고 있어서 제가 할 일이 많이 줄어들었습니다.

핵심 직원들에게 왜 주식을 공짜로 주지 않았느냐고요? 물론 제가 돈에 연연해서 그런 것은 아닙니다. 공짜로 주면 귀하게 여기지 않을 것이기 때문입니다. 일단 자기 돈을 들여 주식을 매입했기 때문에 가능하면 주주가 규칙을 벗어난 행동을 하지 않습니다. 게다가 직원이 주식 매입을 위해 들인 돈은 5년 이내에 이익 분배를 통해 회수할 수도 있고요. 이런 투자가 있어야 생산도 있는 것 아니겠습니까?"

여기에서 알 수 있듯이 핵심 직원들을 붙잡고 싶다면 경영자는 반드시 투자할 줄 알아야 합니다. 여러 가지 장려 제도를 통해 인재들이 기업에서 미래를 보고 희망을 가질 수 있도록 해야 합니다. 그래야 그들을 붙잡아두고 기업을 위해 더욱 큰일을 도모하게끔 할 수 있습니다.

희망은 잠재력을 자극하는
가장 강력한 무기다

명확한 목표와 방향을 계획할 수 있게 해주는 것이야말로
상사가 부하 직원에게 주는 최고의 사례다.

많은 직원들이 낮은 임금과 힘든 노동, 그리고 가혹한 상사 때문에
답답해합니다. 그들은 자신의 미래가 어디에 있는지도 모릅니다. 이런
때에 분명한 진로 계획은 그들의 입장에서 무척 중요합니다. 하지만 진
로 계획을 어떻게 세워야 할지 직원 입장에서는 무척 골치가 아픕니다.
그래서 부하 직원이 일을 완수하도록 요구하는 것 이외에도 경영자는
적절한 진로 계획을 세워줄 수 있어야 합니다. 그렇게 해야 직원들은
경영자의 관심과 배려를 느낄 수 있고, 응집력과 구심력도 강화됩니다.
이런 방법은 단순히 임금을 올려주는 것보다 훨씬 큰 안정감을 제공합
니다.

허난 성 허비鶴壁 시에서는 2003년부터 '대학생 촌관村官' 계획을 실시

했습니다. 이른바 '대학생 농촌 간부' 계획입니다. 농촌에 우수한 인적 자원을 유입하기 위해 실시한 프로젝트로, 대학생이 농촌에서 간부급 직위를 수행하면서 농촌 사회를 체험할 수 있는 기회를 만들자는 취지였습니다. 이 계획을 통해 모두 세 차례에 걸쳐 1,018명의 대학생 촌관을 선발했습니다. 그중 8명이 행정사업 단위에 들어가거나 다른 직업을 모색해 대학생 촌관에서 이탈했습니다. 또 농촌 일에 적응하지 못하거나 대중들의 반발로 도태된 대학생은 17명이었습니다. 그렇게 모두 25명이 퇴출됐고, 나머지 97.5퍼센트에 이르는 인원은 안정적으로 계획을 수행했습니다. 이렇게 높은 퍼센트를 유지할 수 있었던 데는 '사람을 남기는 사업'을 했기 때문입니다.

맨 처음 일부 학생들은 '촌관'에 대해 다음과 같이 솔직하게 말했습니다. "초빙임용제를 채택했기 때문에 사업의 편성과 관리가 본궤도에 올라서기 불가능할 겁니다. 큰일을 하고 싶어하는 청년들에게 '촌관'은 뭐랄까 앞날이 불투명합니다." 그럼에도 불구하고 허비시 위원회 고위 관계자는 대학생들을 위해 창업 분위기를 조성하고 관련 서비스를 제공했습니다. 그들이 돈을 버는 프로젝트를 제대로 찾도록 한 뒤 돈을 벌면 다른 농가들도 돈을 벌 수 있도록 선도하게 했습니다. 어떤 프로젝트의 촌관은 전체 농촌 인구의 47퍼센트까지 빠르게 차지할 정도였습니다. 이렇게 대학생들은 자기만의 프로젝트를 추진하는 동안 사업 전망을 내다보면서 신속히 낯선 농촌에서 터를 잡았습니다. 그리고 연간 생산액이 2억 위안에 이를 정도로 성장했습니다. 물론 그 사이에 휠

씬 좋은 대우를 제안한 외부의 일자리도 있었겠지만, 그래도 그들은 농촌을 떠나지 않았습니다.

허비시의 고위 관계자가 대학생을 농촌에 남겼던 전략은 현대의 기업 경영자들이 본받을 만합니다. 이런 방식은 직원들이 기업에서 발전 전망을 찾을 수 있도록 합니다. 기업과 함께 성장하고 발전할 수 있도록 하는 거지요.

미국의 마이크로소프트사는 세계적으로 인재 유치를 가장 잘하고 최대한 인재를 남기는 기업입니다. 이른바 〈경력 사다리Career Ladder〉라는 문서에는 기업의 인적자원부에서 규정한 내용이 실려 있습니다. 거기에는 직원이 기업에 입사한 날부터 한 단계씩 윗단계로 발전해가면서 선택할 수 있는 직무와 각각의 직무별로 필요한 업무 능력 및 경력이 열거되어 있습니다. 그리고 그에 상응하는 임금 조건도 포함되어 있습니다.

이렇게 규정을 정해놓으니 직원은 회사에 입사한 초기부터 경력 개발을 위한 마음의 준비를 할 수 있고, 자신의 발전 목표를 명확히 세울 있습니다. 물론 회사 입장에서도 인재 유출을 크게 줄일 수 있고요. 물론 이런 방식이 성공하려면 기업 경영자들은 반드시 자신의 부하 직원을 잘 이끌어야 하고, 직원이 안정적으로 진로 계획을 세울 수 있도록 도와야 합니다. 그래야 인재의 유동률을 낮출 수 있습니다.

인재를 발견했다면
신뢰로 열정을 끌어내라

한번 맡긴 일은 의심하지 말고,
믿을 수 없다면 애초에 기용하지 말아야 한다.

베이징대학교 경영 이념에 따르면, 인재들이 자신의 잠재력을 십분 발휘해 혁혁한 실적을 내는 기초는 중요한 일을 맡긴 뒤 충분한 신뢰를 주는 것입니다.

'일단 임용했으면 의심하지 말고, 의심스럽다면 쓰지 말라'는 옛말이 있습니다. 다른 사람에 대해 의심의 마음이 든다면 그 사람을 쓰지 말아야 합니다. 일을 시켜본 뒤에도 여전히 의심을 품게 된다면 상대방을 실망하게 만들 뿐입니다. 그렇게 되면 적극적으로 일하기가 힘들고, 아무리 뛰어난 인재라도 제대로 능력을 발휘할 수 없습니다. 경영자의 엄청난 실책입니다.

부하 직원을 신뢰해야 하고 넓은 아량도 보여주어야 합니다. 인재라고 확인한 뒤에는 걱정을 내려놓고 일을 맡기는 것이 좋습니다. 어떤 상황에서도 신뢰하고 믿어주어야 합니다. 섣불리 간섭하지 말고 부하 직원이 '나를 알아주는 사람을 위해 죽겠다'는 결심을 할 정도까지 만들어야 합니다. 그런 직원이 뛰어난 업무 실적을 내서 상사의 신뢰에 보답하는 겁니다.

20세기 중반, 일본의 유명 가전제품 회사인 파나소닉이 사업에 막 걸음을 뗐을 때 가나자와 시에 사업장을 차렸습니다. 창업주인 마쓰시타 고노스케는 가나자와라는 지방에 한 번도 가본 적이 없었기 때문에 그곳 환경에 익숙하지 않았습니다. 하지만 다각도로 고민한 결과, 그곳에 사업장을 세울 필요가 있겠다는 판단을 내렸습니다.

그런데 사업장을 관장할 담당자는 마땅치 않았습니다. 회사의 베테랑들은 본사에 잔류하면서 일하고 싶어했습니다. 마쓰시타도 본사의 업무 발전에 영향을 주고 싶지 않았습니다. 이때 문득 한 젊은 직원이 머릿속에 떠올랐습니다. 이제 갓 20세가 된 청년이었습니다. 마쓰시타는 그 직원이 너무 어리다는 이유로 큰 임무를 담당하지 못하리라고는 생각지 않았습니다.

그래서 새 사업장의 총책임자로 임명하리라 마음먹고 젊은 직원을 불렀습니다. "이번에 회사에서 결정한 바에 따라 가나자와 시에 사업장을 세울 예정인데, 자네가 그곳의 전반적인 상황을 지휘해주었으면 하네. 지금 바로 가나자와 시로 가서 적당한 부지를 물색해보고, 건물을 임대해 사업장을 세우게. 들어갈 자금은 내가 이미 마련해두었으니,

자네는 주어진 일만 열심히 하면 되네."

마쓰시타의 말을 듣고 젊은 직원은 그저 놀라울 따름이었습니다. "그토록 중요한 직책을 저는 감당할 수 없습니다. 제가 입사해서 일한 지 채 2년이 안 됩니다. 별로 중요하지도 않은 별 볼일 없는 직원에 불과합니다. 저는 아무 경력도 없고 특별한 능력도 없습니다." 그 말을 하는 청년의 얼굴에는 불안한 기색이 역력했습니다. 하지만 마쓰시타는 청년에게 무한한 신뢰를 보내면서 거의 명령조로 다시 말했습니다. "하지 못할 일이란 없다네. 자네는 분명 잘해낼 거야. 마음 편히 갖게. 분명히 해낼 수 있을 걸세."

그의 믿음대로 청년은 가나자와 시에 가자마자 일련의 작업을 착착 진행해갔습니다. 그는 매일 일의 진척 상황을 보고서로 작성해 마쓰시타에게 보냈습니다. 얼마 지나지 않아 모든 기획과 준비 작업의 실마리가 잡혔습니다. 그러자 마쓰시타는 오사카에서 두세 명의 직원을 다시 보냈고, 사업장 설립은 성공적으로 완료됐습니다.

사람을 뽑고 의심하지 않는다는 것은 바로 부하 직원에 대한 신뢰를 의미합니다. 신뢰를 받은 부하 직원은 독자적으로 어느 한 부분을 담당할 수 있습니다. 일단 그 직원이 큰일을 맡을 수 있다고 판단이 서면 설령 그가 작은 실수를 저지르더라도 섣불리 그의 충성도와 능력을 의심하지 말아야 합니다. 직원에게 무한한 지지를 보낸다면 직원 역시 당신에게 감동해서 온 힘을 다해 업무에 몰두할 것입니다. 그렇게 되면 업무 잠재력도 자극되고 기대했던 효과를 얻을 수 있습니다.

기업 경영자가 보내는 신뢰는 사람의 마음을 사로잡고 위계질서를 확립할 수 있는 특효를 발휘합니다. 만일 한 명의 쓸 만한 인재를 선택했다면 그 사람을 충분히 신뢰해야 합니다. 그러면 전체 기업의 인간관계가 조화로워지고 기업 내부의 위계질서에도 생기를 불어넣을 수 있을 것입니다.

훌륭한 인품은
사람 관리의 기본이다

품격 없는 경영자는 기업의 소중한 자원인 사람을 파괴하고
조직의 정신을 파괴하고 업무 성취를 파괴한다.

경영자로서 기본적인 소양을 갖추고 있는지를 판단하려면 가장 먼저 그 사람의 인품을 살펴봐야 합니다. 베이징대학교의 경영 이념은 경영자의 인품을 무척 중요하게 여깁니다. 경영자가 경영을 잘해낼 수 있을지를 판단하는 기초이기 때문입니다. 경영자는 인품을 통해 경영을 추진합니다. 그리고 경영자는 인품을 통해서만 다른 사람이 본받을 수 있는 모범을 세울 수 있습니다. 인품에 대해서는 누구도 속임수를 쓸 수 없습니다.

기업의 최고 경영자들에게 인품은 기본적으로 갖추고 있어야 하는 자질입니다. 한 조직의 정신은 위에서부터 아래로 수립되기 때문입니다. 조직 정신이 강하다는 것은 조직을 대표하는 최고경영자의 정신이 숭고하다는 방증입니다. 조직이 부패하는 가장 근본적 이유는 최고경

영자에게 있습니다. '윗물이 맑아야 아랫물도 맑다'고 했습니다. 만일 한 조직의 리더가 전혀 모범적이지 않다면, 최고경영자는 그 사람을 중요한 직책에 두어서는 안 됩니다.

경영자에게 정직한 품격이 부족하면 아무리 지적이고 능력이 많고 대단한 성취를 이루었다 하더라도 결국에는 큰 손실을 입게 됩니다. 조직이나 기업 전체의 분위기와 방향 결정에 영향을 미칩니다. 거기에는 기업의 제품 품질과 서비스 품질도 포함됩니다.

조직에서 가장 중요한 투자는
감정에 대한 투자다

경영자라면 공자의 '인애仁愛' 철학을 잘 알아야 한다.
'인애' 철학에는 사람의 마음을 얻는 핵심이 담겨 있다.

베이징대학교는 포용과 화목을 추구합니다. 그래서 베이징대학교의
경영 이념 속에는 포용과 화목이라는 특징이 곳곳에 발현되어 있습니
다. 그에 따르면 경영자는 부하 직원에 대한 감정 투자를 중시해야 하
고, 감정 투자의 효과는 즉시 나타나지 않지만, 그렇다고 해서 절대 손
해 보는 일도 아니라는 사실을 알고 있어야 합니다. 감정 투자는 돈이
들지 않기 때문입니다. 효과는 돈의 역할보다 훨씬 큽니다.

부하 직원의 이해와 존중과 지지를 바라는 경영자라면, 부하 직원을
아끼고 배려할 줄 알아야 합니다. 이것이 바로 감정 투자를 할 때 우선
유의해야 할 문제입니다. 이렇게 해야만 부하 직원들과 정서적으로 더
욱 가까워지고 그들의 지지와 신망을 한몸에 받을 수 있기 때문입니다.
또한 부하 직원들이 최선을 다해 일을 하고 경영자에게 더욱 큰 보답을

할 수가 있는 것이지요.

투자가 있어야 생산이 가능하고, 땅을 경작해야 수확을 기대할 수 있습니다. 좌절과 고난이 있어야 성공할 수 있습니다. 이런 선순환의 과정에서 감정은 인간관계를 이어주는 핵심적인 연결고리입니다. 부하 직원이 자신을 이해하고 지지하기를 바란다면, 먼저 부하 직원을 어떻게 이해하고 배려할지 고민해야 합니다. 사람은 누구나 다른 사람이 자신을 존중하고 신뢰해주었으면 하는 심리적 바람을 갖고 있기 때문입니다. 만일 사장이 이런 점에 주의를 기울이고 힘껏 실천한다면 회사 내에 친밀하고 화목하며 조화로운 분위기가 조성될 것입니다. 그렇다면 감정 투자에 집중하기 위해 경영자는 무엇을 해야 할까요?

기본 생활 문제를 해결할 수 있도록 도와야 한다

직원들이 일을 하는 공통된 목적이 있습니다. 바로 생존입니다. 만일 직원이 종일 생계 문제로 걱정에 휩싸여 있다면 그에게 최선을 다해 일을 제대로 해내라고 하기가 무척 곤란할 겁니다. 생활이 보장돼야 개인의 창조성이 최고로 발휘될 수 있기 때문입니다.

경영자는 자신의 능력이 닿는 범위 내에서 부하 직원을 위한 생계 문제를 최대한 해결해주어야 합니다. 그러면 직원은 경영자의 배려에 고마움을 느끼고 회사를 위해 더 열심히 일해야겠다고 다짐할 것입니다. 이것이야말로 부하 직원의 존중과 애정을 얻는 가장 효과적인 방법입니다.

조직의 따스함을 느끼게 해주어야 한다

리더는 부하 직원이 '조직의 따스함'을 최대한 느낄 수 있도록 해야 합니다. 모든 부하 직원이 처해 있는 가정 상황을 파악하고 적절한 시점에 안부를 물어볼 필요가 있습니다. 그렇게 함으로써 부하 직원은 자신이 관심과 존중을 받고 있다는 것을 느끼게 됩니다.

또한 특별한 시기가 되면 남다른 애정을 보여주어야 합니다. 가령 부하 직원이 생일이나 근속 몇 주년 기념일이나 인사 이동이나 승진 같은 다른 중요한 일을 맞이했을 때 모두 함께 축하를 해주는 겁니다. 물론 지나친 간섭이나 사생활에 대한 충고까지 나아가서는 안 됩니다. 적당한 선을 유지하는 것이 중요합니다.

그 밖에 주의해야 할 점이 있습니다. 감정 투자는 자발적이고 일관돼야 하며, 겉치레만 하고 내실은 챙기지 않는 행동은 금물입니다. 그래야 직원들이 당신의 진실한 마음을 알 수 있고 신뢰할 수 있습니다.

감정 투자는 장기적으로 진행해야 합니다. '말의 힘은 길이 멀어야 알고, 사람의 마음은 오래 겪어봐야 안다'고 했습니다. 감정으로 사람의 마음을 움직이기 위해서는 진실한 마음을 오래도록 지속하는 것이 중요합니다. 감정 투자는 장기적인 시간을 들여야 열매를 맺을 수 있다는 점을 잊지 않기 바랍니다.

감정을 중시하되
정을 과용해서는 안 된다

언제 어디서나 '정도正道'를 지켜야 한다.
지나친 것은 모자란 것보다 못하다.

누구나 사사로운 감정에 휘둘리기 쉽습니다. 하지만 한 조직을 이끌어나가는 사람이라면, 개인적인 감정과 공적인 영역을 분명히 구분할 줄 알아야 합니다.

어느 가족기업의 사장이 자기 아들을 회사에서 훈련시키고 싶었습니다. 그래서 신분을 숨기고 입사하도록 했고 아들은 업무팀의 일원으로 배속되었습니다. 팀장은 사장의 아들에게 향후 3개월 동안의 업무계획을 작성하라고 지시했습니다. 그는 일주일 동안 맡겨진 일에 몰두해 보고서를 작성한 뒤 팀장에게 올렸습니다. 실전 경험이 없었으므로 보고서는 당연히 형편없었을 뿐만 아니라 현실적이지 않은 내용 일색이었습니다. 실질적인 계획이 제시되지 않았던 겁니다.

팀장은 큰 소리로 나무랐습니다. "일주일이나 시간을 줬더니 고작 이런 걸 만들어서 나한테 가져온 거야? 내가 이 정도의 보고서를 받으려고 일을 시켰겠어?" 사장 아들은 웅얼웅얼 얼버무렸습니다. "팀장님, 제게 시간을 조금만 더 주시면 이 보고서를 어떻게 작성했는지 설명할 수 있을 것 같은데요……." 하지만 말이 채 끝나기도 전에 팀장은 말을 뚝 잘라버렸습니다. "내가 그렇게 한가한 줄 알아? 이 정도 수준 가지고 일을 할 수 있겠어?"

바로 그때 사장이 문을 열고 들어왔습니다. 그는 잔뜩 화가 난 얼굴로 팀장에게 말했습니다. "자네, 이런 태도로 일을 계속할 수 있을 것 같은가?" 갑작스러운 사장의 등장에 팀장은 어안이 벙벙했습니다. 자신이 도대체 무슨 잘못을 했는지 알 수 없었던 것이지요. 팀장이 곤혹스러워하고 있을 때 사장은 신입사원에게 말을 건넸습니다. "아들, 아주 잘하고 있어. 보고서를 처음 만들어봤으니, 완벽하지 못한 건 당연하지." 그렇게 말하고는 다시 팀장을 쳐다봤습니다. 며칠 뒤 팀장은 '능력이 부족하다'는 이유로 해고당했습니다.

이 이야기에서 사장은 비이성적으로 일을 처리했습니다. 무작정 아들의 잘못을 감쌀 것이 아니라 이성적으로 타일렀다면, 아들은 회사의 밑바닥부터 차근차근 일을 배우며 충분히 단련됐을 겁니다. 하지만 혈육의 정 때문에 사장은 순간 이성을 잃었고, 아들이 제대로 일을 배울 기회마저도 빼앗고 말았습니다. 이런 아들이 회사에 도움이 될까요? 감정과 이성을 명확히 구분하지 못하고 일을 처리하면 심각한 상황을 초래할 수 있습니다.

위대한 성공학자인 데일 카네기Dale Carnegie는 감정과 이성의 조절을 무척 잘한 인물입니다. 여러 해 전 그의 조카딸인 조세핀이 캔자스시티의 집을 떠나 뉴욕으로 와서 카네기의 비서 일을 맡게 됐습니다. 당시 조세핀은 고작 19세였습니다. 고등학교를 졸업한 지 3년밖에 되지 않았지만 일처리 능력은 뛰어났습니다. 여러 분야에서 합격점을 받은 비서였습니다. 한번은 카네기가 조세핀의 잘못을 발견했는데, 얼른 지적하고 싶으면서도 조세핀의 체면 문제가 걸려 다음과 같이 말했습니다. "조세핀, 네가 지금 저지른 실수는 내가 이전에 저질렀던 수많은 실수에 비하면 절대 심각한 것은 아니야. 태어나면서부터 판단능력을 갖고 태어난 게 아니잖니. 게다가 너는 나보다 훨씬 어리니, 배울 기회도 충분해. 내가 너만 할 때는 훨씬 더 많이 실수했어. 다만 네가 오늘 실수한 부분만 신경써서 고치면 훨씬 더 현명해질 것 같아 이런 말을 하는 거야."

카네기는 가족이라는 이유 하나로 조세핀의 잘못을 방치하지 않았습니다. 그렇다고 너무 이성적으로 가혹하게 야단치지도 않았습니다. 절충적인 방식으로 감정과 이성을 병행해 좋은 효과를 얻어냈습니다. 만일 당신도 카네기처럼 충고하는 말을 귀에 거슬리지 않게 할 수 있다면, 상대방도 그 충고를 흔쾌히 받아들이고 배려에 감사할 것입니다.

자신의 감정 상태를
타인에게 드러내지 말라

인생을 놀이 삼아 살면 아무것도 이룰 수 없다.
자신을 지배하지 못하는 사람은 영원한 노예일 수밖에 없다.
– 요한 볼프강 폰 괴테Johann Wolfgang von Goethe

감정 조절 능력이 바로 감성지수입니다. 지능지수보다 훨씬 중요합니다. 감성지수는 한 사람의 심리상태를 결정하기 때문에 각각의 심리상태는 각각의 감정을 만들어냅니다. 이처럼 각각의 감정은 문제를 처리할 때도 상이한 결과를 도출해냅니다.

괴테는 이런 말을 했습니다. "자신을 지배하지 못하는 사람은 영원히 노예일 수밖에 없다." 자신을 지배한다는 것은 곧 자신의 감정을 지배한다는 뜻입니다. 큰일을 하는 사람이라면 반드시 갖춰야 할 능력입니다. 아침에 출근했을 때 만일 당신이 늘 화난 얼굴을 하고 있거나 누구를 대하든 어두운 표정을 짓고 있으면, 동료들은 분명 당신이 부인이랑 싸웠거나 일이 마음대로 풀리지 않아서 그렇다고 생각할 겁니다. 표정은 이처럼 심리적 암시를 하고 있기 때문에 아무도 당신과 기꺼이 대화를 하려고 나서지 않을 것이고 업무 도중에 문제가 발생하더라도 섣불리 도움을 요청하지 못할 겁니다. 그렇게 오랜 시간이 흐르고 나면 사람들은 자동으로 당신에 대해 두려운 마음을 갖게 되고, 함께 일할 때도 몸을 사리게 됩니다. 문제가 생기면 책임을 다른 사람에게 미루게도 될 것입니다. 혹시나 당신에게 혼날까 봐 걱정되기 때문입니다. 이런 조직은 결코 좋은 성과를 낼 수 없습니다.

성공하지 못한 사람은 기회가 부족해서 그리 된 게 아닙니다. 경력이 부족해서도 아니고, 능력이 출중하지 않아서도 아닙니다. 다만 그들은 자신의 감정을 제대로 다스리지 못하고 마음 상태를 얼굴에 고스란히 드러냈을 뿐입니다. 업무와 생활을 제대로 분리하지 못하고 자기 개인의 감정을 통제하지 못했을 따름인 것이지요. 이런 사람이 어떻게 다른 사람을 관리할 수 있으며, 어떻게 하나의 조직을 이끌 수 있겠습니까?

세상에는 완벽한 순금도 없고
완벽한 사람도 없다

장점은 취하고 단점은 버리는 것이야말로
모든 경영자가 반드시 지켜야 할 인재경영의 핵심이다.

경영자 입장에서 부하 직원이 쓸 만한 인재라는 사실은 무척 중요합니다. 경영자들은 이런 하소연을 많이 합니다. "왜 이렇게 능력 있는 인재가 적고 찾기도 힘든 걸까? 지금 부하 직원들은 아무리 봐도 만족스럽지가 않아."

베이징대학교 경영학 과정에서는 '완벽한 순금도 없고 완벽한 사람도 없다'고 보고 있습니다. 완벽한 사람은 존재하지 않습니다. 다만 각자에게는 다들 장점이 있습니다. 장점이 하나도 없는 사람은 없습니다. 무리하게 완벽을 요구하지만 않는다면, 직원들마다 가지고 있는 장점을 잘 조정해서 좋은 효과를 낼 수도 있습니다.

부하 직원에게 완벽을 요구해서는 안 됩니다. 핵심을 볼 줄 알아야 합니다. 사소한 약점 때문에 장점을 간과해서는 안 된다는 얘기입니다.

직원의 단점과 장점을 합리적으로 판단할 줄 알면 인재는 눈에 띄게 되어 있습니다. 단점만 크게 보고 그것을 트집 잡아 직원들의 장점까지 사장시켜서는 안 됩니다.

신제품 개발에서 뛰어난 성취를 보이는 엔지니어라도 세일즈 분야에서는 전혀 능력을 발휘하지 못할 것입니다. 반대로 성공한 세일즈맨은 제품 세일즈에서는 일가견이 있겠지만, 신제품 개발 면에서는 아주 젬병일 것입니다.

당나라 시인인 유종원柳宗元이 이와 관련한 일화를 말한 적이 있었습니다. 목수 출신인 사람이 있었는데, 그 사람은 자기의 침대가 부서졌는데도 스스로 고치지 못해 다른 사람에게 수리를 부탁했습니다. 그의 기술에 뭔가 문제가 있다는 것을 대변해주는 상황이었습니다. 그런데도 그는 한사코 집을 지을 수 있다고 나섰습니다. 유종원은 목수의 말에 반신반의했습니다.

그러던 중 대형 집을 짓는 공사 현장에서 그 목수를 다시 만났습니다. 유종원은 목수가 지휘하고 명령을 내리며 자신감 있게 일 처리하는 모습을 봤습니다. 수많은 일꾼들이 그의 지휘 아래 각자 열심히 일했습니다. 일사분란하고 질서정연한 현장을 지켜보면서 놀라지 않을 수 없었습니다. 처음에 봤던 것을 기준으로 하면, 그는 분명 실력 있는 목수가 아닙니다. 하지만 그렇다고 해서 보잘것없는 인물로 비하한다면, 그것은 출중한 공사 책임자를 매장하는 것과 같을 것입니다.

이 일화는 한 가지 중요한 메시지를 던져줍니다. 만일 한 사람의 장점을 먼저 보면 그 사람의 재능은 충분히 주목받거나 발휘될 수 있지만, 단점을 먼저 보면 재능은 쉽게 감춰지거나 무시되고 만다는 사실입니다.

자기 스스로를 완벽하고 대단하다고 말할 수 있는 사람은 아무도 없습니다. 누구라도 업무 중에 약간의 실수는 할 수 있습니다. 직급이 낮은 현장 노동자의 경우, 회사가 정한 마지노선을 넘지만 않으면 사소한 실수는 용인됩니다. 판매를 하는 사람은 고객과의 기본적인 신뢰를 파괴하지만 않으면 실수한 상황을 만회할 수 있는 기회를 얻을 수 있습니다. 혁신기술 연구개발을 하는 사람에게는 실수나 실패가 다반사로 허용됩니다.

경영자 역시 지금의 위치에 오르면서 처음에는 절대 완벽하지 않았습니다. 수많은 실수를 저질렀을 겁니다. 그들이 직원들이 지니고 있는 부족한 점을 쉽게 발견해낼 수 있는 것도 그런 경험이 있기 때문입니다. 하지만 사람에게는 다 장점과 단점이 있게 마련이므로, 경영자는 직원을 쓸 때 장점을 살리고 단점을 멀리하는 원칙을 견지할 필요가 있습니다.

인재의 장점을 발전시키고 발휘할 수 있도록 하는 것이 중요합니다. 단점을 고치기 위한 교육도 필요하지만, 장점을 끌어내는 것과 비교하면 중요성이 덜합니다. 교육하는 목적 역시 단점을 장점으로 바꿔나가는 데 있어야 합니다. 만일 단점만 보면 그 사람은 절대 쓸 수 없습니다.

반대로 장점만 보면 그 어떤 사람도 쓰지 않을 이유가 없습니다. 따라서 인재를 선발할 때는 단점만 시시콜콜 따지지 말아야 합니다. 단점을 찾아내려는 예리한 시선을 누그러뜨리고 장점을 발굴하고 효과적으로 활용해야 합니다.

다른 사람의 단점을 찾기란 무척 쉬운 일입니다. 하지만 장점을 찾는 일은 무척 어렵습니다. 경영자에게 필요한 사람은 단점이 없고 모든 일을 다 해내는 사람이 아닌, 그 사람만이 잘할 수 있는 무언가를 갖춘 사람입니다. 경영자는 자신의 부하 직원 중 인재가 꽤 많다는 사실을 알아야 합니다.

제5장

말은 아끼고
듣기를 신중하게

- 말하기 기술의 원칙 -

혀가 생각을
앞서지 않게 하라

말하기 전에 한 번만 다시 생각하면,
생각보다 할 말이 없다는 걸 알게 된다.

'혀가 생각을 앞서지 않게 하라'는 말의 의미는 말을 하기 전에 할 말인지 안 할 말인지를 신중하게 살펴보라는 것입니다. 당신이 내뱉는 말이 어떤 파장을 불러올지, 상대방이 당신의 말을 듣고 어떤 감정을 느끼게 될지 생각해보라는 것이지요. 그렇게 해야 오해를 사거나 불필요한 문제를 자초하지 않을 수 있습니다.

베이징대학교 인문사회학부 교육과정에서는 어떤 말이든 하기 전에 먼저 필요한 말인지 자문하라고 조언합니다. 만일 불필요한 말이라면 하지 말라는 것이지요. 이것은 사고력을 훈련하는 첫걸음입니다. 입단속을 전혀 하지 못한다면 자신의 생각도 통제할 수 없습니다.

'말하는 사람은 무심코 말을 하지만, 듣는 사람은 새겨 듣는다'는 말이 있습니다. 당신이 무심코 내뱉은 말은 상대방의 가공과 포장을 거치거나 각기 다른 귀를 통해 각기 다른 정신세계에 수용됩니다. 그 과정에서 말이 '폭탄'으로 변해 언제든 당신에게 부상을 입힐 수 있습니다. 때문에 말을 하기 전에 먼저 대뇌를 거쳐 심사숙고를 하면 시비를 덜 일으키고 우환에서 멀어질 수 있습니다.

말에는 즉시성이 있습니다. 한번 내뱉은 말은 다시 주워 담을 수 없다는 뜻입니다. 잘못 말을 해 문제가 불거지면 아무리 해명을 해도 쉽게 풀어지지 않습니다. 오히려 말을 더하면 더할수록 더 심각해지는 경우도 많습니다. 그렇기 때문에 일시적인 충동이나 부주의한 태도로 있지도 않은 거짓말을 하거나 말로 남에게 상처는 주는 일을 저질러서는 안 됩니다. 심사숙고를 한 뒤에야 쓸 데 없는 말을 줄일 수 있고 필요한 말을 제대로 할 수 있습니다.

말하기 전에
상대와의 관계를 파악하라

사람과 사귈 때는 적당한 거리감 유지가 필요하다.
과분한 열정이나 지나친 무관심은 둘 다 거부감을 불러일으킨다.

옛사람들은 '교분이 얕은 사람에게 속마음을 털어놓지 말라'고 경고
했습니다. 사람을 사귈 때 갖추고 있어야 할 지혜를 설명한 겁니다. 현
실 생활에서 대화는 주로 두 가지 형태로 나타납니다. 첫째, 누군가를
처음 만났을 때 나누는 대화입니다. 그때는 서로가 잘 모르는 사이이
므로 깊은 대화는커녕 화제의 접점을 찾기조차 어렵습니다. 이런 대화
는 반드시 실패합니다. 둘째, 꽤 자주 만났지만 깊은 관계가 아닐 때 나
누는 대화입니다. 이때 당신이 속마음을 모조리 드러내면 상대방은 당
신이 뭔가 바라는 것이 있거나 다른 속내가 있을 것이라고 생각합니다.
그러면 당연히 당신에 대해 의문을 품고 멀리하게 되겠지요.

류타오는 인도를 주제로 한 책을 써보기로 결심하고, 몇 개월간 노력

한 끝에 마침내 초고를 완성했습니다. 그는 원고를 들고 출판사 편집장에게 찾아갔습니다. "장장 2년 동안 인도에 머물며 열심히 취재해서 완성한 글입니다. 내용도 심혈을 기울였습니다. 그 과정에서 엄청 고생도 했고요. 그래도 현장에서 본 경치와 인심이 무척 감동적이었습니다……." 하지만 류타오가 말을 마치기도 전에 편집장이 말을 싹둑 잘랐습니다. "이건 요즘 유행하는 주제가 아닙니다. 내용도 별로 참신하지 않고요. 너무 큰 기대는 하지 마세요. 일단 볼 테니, 원고는 두고 가세요."

류타오는 생각했습니다. 어쩌면 이번 출판은 어려울 것 같다고요. 그는 잔뜩 우울한 심정으로 출판업계에 종사하고 있는 선배 장빙을 찾아갔습니다. 상황 설명을 들은 장빙은 웃으면서 말했습니다. "너희 작가들 말이야, 모든 사람이 다 자기 말을 진지하게 들어줄 거라 생각하는 게 문제야. 일단 나한테 맡겨 봐. 내가 처리해볼게!"

이번에는 장빙이 편집장을 찾아갔습니다. "편집장님, 이 작가한테 관심을 갖고 있었잖아요. 인도에서 오면서 아주 멋진 걸 가져올 거라고요. 이거 완전 잘 팔릴 것 같은데, 그냥 손 놓고 계실 거예요?" 그러자 편집장이 얼른 대답했습니다. "자네, 지금 인도의 환경과 풍속에 관해 글을 쓴 사람 말하는 건가?" "편집장님 아직도 모르고 계셨어요? 제가 보기에 그 작가가 이번에 쓴 작품은 분명은 잘 팔릴 거예요! 내용도 한두 마디 말로는 부족할 정도로 좋던데요." 그러자 편집장은 초고를 받아두었다고 말하고는 말이 나온 김에 몇 페이지를 들춰보다가 바로 계약하기로 했습니다. 결국 그 책은 순조롭게 출판됐고, 시장에서 대대적인 호응을 얻었습니다.

같은 원고였지만, 류타오는 편집장을 만나 거절당했고 장빙은 묻혀버릴 뻔했던 원고를 신기하게도 소생시켰습니다. 류타오는 상대방을 만났을 때 상황에 맞는 말을 하지 못해 상대방의 마음을 움직이지 못했습니다. 반면에 장빙은 교묘하고도 능수능란하게 대화를 순차적으로 진행해 결국 원고에 대한 편집장의 관심을 끌어올려 최종적인 목표를 달성했습니다.

친밀한 사이가 아닌 데다가 대화에 뚜렷한 목적이 있다면, 상대가 원하는 정보를 정확히 전달하는 것이 중요합니다. 괜히 분위기를 좋게 하려고 쓸데없는 말을 늘어놓는다면 오히려 듣는 사람을 지루하게 만들고 짜증나게 할 뿐입니다. 대화의 핵심 주제가 아무리 좋더라도 이미 상대방은 더 이상 당신의 말을 들어줄 기분이 아닐 수 있습니다. 그러니 대화를 할 때는 상대방과 내가 어떤 관계인지를 정확히 파악해서 상황에 맞는 말을 해야 합니다.

찬물은 사람을 상하게 하니
함부로 끼얹지 말라

비난은 무력을 행사하지 않고서도
사람의 몸과 마음을 다치게 하는 예리한 도구다.

악의는 없으나 거침없이 말하는 습관 때문에 늘 다른 이에게 마음의 상처를 안기는 사람들이 있습니다. 원래는 좋은 의도를 갖고 있었고 기분도 좋았던 상대방에게 '찬물'을 끼얹으면서 서로간의 관계를 깨뜨리고 맙니다. 우리 가까이에 종종 이런 장면을 연출하는 사람이 있습니다.

류궈는 이번 달에 별도로 받은 상여금을 가지고 털이 보송보송한 큰 곰 인형을 샀습니다. 여자친구인 샤오퉁에게 줄 생일선물이었습니다.

샤오퉁을 만난 류궈는 들뜬 마음으로 이렇게 말했습니다. "내가 어떤 선물을 준비했을까? 한번 맞춰봐!"

"설마, 매달 쥐꼬리만 한 월급을 받는데 어떻게 선물을 사겠어?" 샤오퉁은 부루퉁한 얼굴로 대답했습니다.

"나 무시하지 마. 이번 달에 열심히 일해서 상여금도 받았다고!" 류궈는 애써 참으며 당당하게 말했습니다. "그러니까 맞춰봐. 내가 어떤 선물을 샀을까?"

하지만 샤오퉁은 여전히 냉랭했습니다. "그럼 네가 말해봐. 평상시 그렇게 인색했던 사람이 나한테 무슨 선물을 준비했을까?"

그러자 류궈는 결국 버럭 화를 내버렸습니다. "자, 봐! 큰 곰 인형을 샀다고. 보송보송 털도 나고 귀여운 거야. 밤에 안고 쿨쿨 잠이나 자라!"

"뭐라고? 너 지금 미쳤어? 나 털 북실북실한 인형 싫어하는 거 몰라?"

"어, 미안해! 진짜 미안해! 네가 인형 싫어한다는 걸 깜박했어. 다음에는 꼭 네가 가장 좋아하는 선물 해줄게. 응?" 류궈는 마음이 상할 대로 상했지만 하는 수 없이 이렇게 대답했습니다.

"다음에? 너는 선물을 살 때마다 꼭 사람을 속상하게 하고 실망시키잖아 그럴 바에는 나한테 선물 같은 거 하지 마!" 샤오퉁이 소리를 빽 질렀습니다.

그렇게 류궈와 샤오퉁은 만날 때마다 티격태격 싸우다가 오래 만나지 못하고 결국 헤어졌습니다.

샤오퉁처럼 상대방에게 비아냥거리기를 좋아하거나 냅다 찬물을 끼얹는 사람들이 생각보다 꽤 많습니다. 그들은 '함부로 찬물을 끼얹으면 상대방이 상처를 받으니 그렇게 해서는 안 된다'는 사실을 잘 모릅니다. 게다가 그들이 하는 말은 사실 백 퍼센트 진심도 아닙니다. 그저 자기 감정을 과장해서 표현할 때도 많습니다. 또한 그렇게 말하는 사람들은 대부분은 말해놓고 후회합니다.

만약 당신이 다른 사람에게 찬물을 끼얹거나 비웃는 행동을 곧잘 한다면 그 버릇을 당장 고쳐야 합니다. 입에 묻은 독을 해독하고 엄격하게 입단속을 할 필요가 있습니다. 그래야 상대방에게 상처를 입히거나 기분을 상하게 하는 일을 줄일 수 있습니다.

미소는 상대에게
가하는 최고의 반격이다

바다는 모든 물줄기를 한곳으로 모은다.
이런 포용력 때문에 바다를 크다 하는 것이다.

미소는 증오와 갈등을 없애고 사람 사이에 존재하는 모든 불쾌감을 없애줍니다. 동시에 미소가 지닌 최고의 기능은 바로 모욕을 준 사람에게 수치심을 줄 수 있다는 점입니다.

링컨은 미국 역사상 가장 존경받는 대통령입니다. 당시 미국 사회는 개인의 출신 가문을 무척 중요하게 여겼던 터라 대다수 의원들은 귀족 출신이었습니다. 그들은 태생적인 우월감을 갖고 늘 출신이 빈천한 사람들을 내려다봤습니다.

링컨이 대통령 선거에 입후보하기 전날 밤, 참의원에서 연설을 할 때 한 의원이 링컨을 모욕하려 했습니다. 그 참의원은 매우 오만한 태도로 "링컨 선생, 연설을 시작하기 전에 당신은 그저 제화공의 아들일 뿐이라는 점을 잘 기억해주셨으면 합니다"라고 말했습니다. 그 말이 끝나자 장내에는 한바탕 떠들썩한 웃음소리가 울려 퍼졌습니다. 그 의원의 목적은 분명했습니다. 링컨의 자존심에 상처를 입혀 스스로 경선에서 물러나게 하는 것이었습니다.

하지만 조롱을 받으면서도 링컨은 평정심을 잃지 않았습니다. 미소를 지으며 그 의원에게 이렇게 응수했습니다. "제 아버지를 떠올리게 해주셔서 정말 감사합니다. 저는 당신의 충고를 평생 잊을 않을 겁니다. 제가 제화공의 아들이라는 사실을 말이지요. 대통령이 된다고 하더라도 제 아버지가 제화공이라는 직책을 잘해낸 것만큼은 못할 것이라는 점을 저는 알고 있습니다."

링컨은 그 의원에게서 몸을 돌려 모든 의원들을 향해 미소를 지어 보이며 큰 소리로 말했습니다. "여러분 중에 제 아버지가 만든 신발을 신고 있는 분도 계실지 모르겠군요. 만일 신발이 맞지 않았다면 말씀하십시오. 아버지만큼은 아니더라도 배운 게 있으니 저도 그 정도는 수선해 드릴 수 있습니다."

그 순간 조롱의 웃음소리는 감탄의 박수 소리로 바뀌었습니다. 반면, 링컨을 모욕하려던 의원은 얼굴이 붉으락푸르락 달아올라 이러지도 러지도 못하는 난감한 처지가 되었습니다.

링컨은 미소로 비난을 잠재웠습니다. 미소 뒤에는 관용과 선한 마음이 있었습니다. 바로 그런 이유로 사람들의 탄성을 자아냈습니다. 다른 사람이 주는 모욕과 비난과 비방 앞에서도 넓은 마음을 굳게 지켜낼 수 있는 사람은 지혜롭게 위기를 돌파해나갈 수 있습니다. '장군의 이마에서는 말을 달릴 수 있고, 재상의 뱃속에서는 배를 저을 수 있다'라는 말이 있습니다. 한 사람이 과연 큰일을 해낼 수 있을지 알아보려면, 그 사람의 도량이 얼마나 넓은지를 봐야 합니다. 바다에 돌멩이 하나를 던지면 파문이 크지 않습니다. 반면, 작은 강에 돌멩이 하나를 던지면 큰 파문이 일면서 많은 물방울이 튑니다. 넓은 마음을 가진 사람만이 많은 것을 수용할 수 있고 큰일을 도모할 수 있습니다.

　미소와 함께 관용적인 태도로 비난에 대처하는 것이 수양이고 기백이고 고귀한 품성입니다. 작은 노력으로 큰 성과를 얻어내는 지혜입니다. 마음이 넓고 원대한 이상을 품은 사람은 일시적인 득실이나 순간적인 명성 때문에 다른 사람과 옥신각신하지 않습니다. 소인배가 주는 모욕감 앞에서 그저 미소를 지을 뿐이지요. 흡사 철없이 놀고 있는 어린아이의 모습을 보고 있는 어른처럼 말입니다.

어려운 처지를
아무에게나 하소연하지 말라

타인을 당신 개인의 감정을 쏟아내는
해소처로 활용해서는 안 된다.

일상생활 속에서 이런 불평을 자주 듣게 됩니다. "우리 사장은 너무 쩨쩨해." "저 부장은 종일 우리한테 호통만 쳐." "날마다 야근시키면서 야근 수당은 주지도 않아." "요즘 회사 실적도 너무 안 좋고 고객도 갈수록 응대하기 어려워." "그냥 아무 생각 안 하고 퇴사할까 싶어." 이렇게 입버릇처럼 하소하는 사람들에게는 누구도 섣불리 중요한 일을 맡기지 않습니다.

영국의 철학자 프랜시스 베이컨Francis Bacon은 우정에 관해 다음과 같이 논했습니다. "한 명의 친구에게 행복을 말하면 당신은 두 가지 행복을 얻을 수 있다. 하지만 한 명의 친구에게 근심을 토로하면 당신이 느끼고 있는 근심을 절반밖에 나눌 수 없다." 맞는 말입니다. 고통과 불행을 당했을 때 적당한 선에서 속마음을 털어놓는 하소연은 자신의 마음을 편안하게 해주고 친구 사이의 우정도 더욱 깊어지게 합니다. 하지만 사람들이 간과하는 부분이 있습니다. 사람들은 다른 사람에게 괜히 우는소리 하듯 괴롭다고 토로하기를 좋아한다는 사실입니다. 만일 친구를 당신 마음속 나쁜 감정의 '쓰레기통'으로 치부한다면, 과연 어느 누가 당신과 함께하고 싶어할까요?

어느 날 문득 불행과 고통을 만났다고 해서 다른 사람에게 섣불리 불평해서는 안 됩니다. 불평이 반복될 때마다 마음의 고통도 가중된다는 사실을 알아야 합니다. 그렇게 시간을 보내다 보면 마음은 울적해지고 고통은 당신 인생의 한 부분으로 자리를 잡습니다. 불평하는 것이 떼어낼 수 없는 습관이 되는 것이지요. 그렇게 되면 행복이나 즐거움은 사라지고, 불행이나 고통에서 벗어나기는 점점 더 어렵게 됩니다.

물어보기 전에
먼저 스스로 생각하라

급하게 말을 내뱉는 이유는 생각할 시간이 없어서가 아니라
시간이 있을 때 생각하지 않아서다.

타인의 의견을 구하기 전에 먼저 생각해야지, 무턱대고 말부터 내뱉어서는 안 됩니다. 진중하고 기품 있는 태도가 필요합니다. 사람들이 모이는 장소에서 당신과 경쟁 구도에 있는 경쟁자나 고객과 대화를 나눌 때 마지막까지 말을 아끼면 여러 가지 좋은 점이 많습니다.

첫째, 상대방이 먼저 말을 하도록 유도하는 것은 타인에 대한 존경심의 표현입니다. 상대방이 일단 당신한테서 존중받는다고 느끼면 대화를 나누고 교류하는 데 훨씬 적극적으로 나설 것입니다.

둘째, 먼저 말을 하는 사람은 분명 빈틈과 허점을 드러내게 됩니다. 당연히 약점을 잡힐 수밖에 없습니다.

셋째, 다른 사람이 말할 때 자신이 할 말을 준비하고 다듬을 수 있습니다. 실수 없이 자기 의사를 정확히 밝힐 수 있습니다.

성격 급한 사람은 먼저 나서서 말하기 좋아합니다. 그러면 다른 사람의 존중을 얻기도 어렵고, 미처 깊은 생각을 못 했기 때문에 말실수가 생기면서 허점을 드러냅니다. 이때 상대방이 공격하면 이길 기회가 극도로 줄어듭니다. 그래서 베이징대학교 인문학부·사회과학부 교육과정에서는 이런 충고를 합니다. '협상이든 단순한 소통의 장이든 먼저 말하지 말고 일단은 침착해야 한다. 신중한 태도를 취하면 일을 더욱 완벽하게 처리할 수 있다. 다른 사람이 먼저 말을 하도록 양보한 뒤 경쟁자나 친구가 제기한 문제점에 대해 심사숙고해 반격하면 전체 국면을 틀어쥘 수 있고 승산은 높아진다.'

짧아도 핵심만 있다면
다 알아듣는다

사람은 체면의 동물이다. 괜히 너저분한 말로
다른 사람의 체면에 흠집 내서는 안 된다.

사람들은 '체면'을 중요하게 생각합니다. 그래서 사람에 대해 처신을
할 때는 반드시 상대방의 체면을 세워줄 줄 알아야 합니다. 다른 사람
의 과실이나 난처한 상황 또는 떳떳하지 못한 일을 목격했을 때 적절하
게 말할 수 있어야 합니다. 그래야 그 사람의 체면을 세워주고 상대방
은 당신에 대한 고마움을 느끼면서 적도 친구로 만들 수 있습니다.

이와 관련해《홍루몽紅樓夢》에 등장하는 설보채라는 인물을 따라 배
울 필요가 있습니다.

한번은 할머니가 몇몇 사람들과 대관원에서 벌주놀이를 하고 있었
습니다. 그런데 대옥이 자신도 모르는 사이《서상기西廂記》와《목단정牧
丹亭》에 담긴 아름다운 글귀를 말하고 말았습니다. 이 책은 당시에 금

서였기에 대옥처럼 대갓집 규수의 입에서 그런 글귀가 나오니 도리에 어긋나고 상스럽다는 비난을 받을 만한 상황이었습니다.

다행히도 거기 있던 사람들 대부분 듣지 못했습니다. 그래도 보채는 속일 수가 없었습니다. 하지만 보채는 감정적으로 일을 처리하는 사람이 아니었습니다. 그 기회를 틈타 대옥을 난처하게 하지 않았습니다. 그녀는 대옥에게 여지를 주면서 체면을 살려주었습니다.

그 일이 있은 며칠 뒤 보채는 아무도 몰래 대옥을 사람이 없는 곳으로 불러내 엄하게 타일렀습니다. "아직 시집도 안 간 아가씨께서 지금 무슨 말을 입에 담고 있는 걸까요?" 엄한 호통에 대옥은 문제의 심각성을 깨닫고 용서를 구할 수밖에 없었습니다. "착한 보채 언니, 다른 사람한테 말하지 말아줘요. 이제 더 이상 그런 말 하지 않을게요."

보채는 붉게 상기된 대옥의 얼굴을 보고 적당한 선에서 추궁을 그만두었습니다. 대옥은 고마운 마음을 주체할 수 없었습니다. 한편, 보채는 더욱 현명한 처사를 이어갔습니다. 처지를 바꾸어 생각해보면서 대옥에게 차근차근 설명해주었습니다. "다른 이들이 많을수록 더 신중해야 합니다. 그래야 남에게 약점을 잡히지 않지요."

진심을 담아 충고하자 고개를 숙이고 차를 마시던 대옥은 마음속으로 조용히 보채의 말에 수긍했습니다. 그 마음을 다만 '네!'라는 묵직한 한마디로 전달할 뿐이었습니다. 그 후로 보채는 비밀을 지키고 다른 누구에게도 대옥이 실언했던 일을 누설하지 않았습니다.

한참 후 보채를 다시 만난 대옥은 그간 품고 있던 선입견을 버리고 진심을 담아 말했습니다. "언니가 평소에 사람들에게 정말 잘하긴 했지만, 사실 저는 자꾸만 걱정이 됐어요. 만약 언니가 그 말을 다른 사람들한테 해버렸다면 나는 절대로 언니를 용서하지 않았을 거예요. 하지만 언니는 정말 아무 사심도 없이 내게 그런 충고를 해줬지요. 전날 언니가 내 실수를 보지 않았다면, 지금 이런 말도 언니에게 하고 있지 않겠죠?"

그 일을 계기로 보채와 대옥은 더욱 관계가 돈독해졌습니다.

말을 신중히 하면 똑똑한 사람들은 금세 이해합니다. 보채가 적절한 말로 간략하게 말할 줄 알았기 때문에 대옥에게는 7할의 체면을 남겨줄 수 있었고, 자기 자신에게는 관계를 개선할 수 있는 3할의 여지를 줄 수 있었습니다. 이처럼 보채는 '여지'를 많이 두었기 때문에 좋은 친구를 얻을 수 있었습니다.

다른 사람과 대화를 나눌 때는 남을 깎아내림으로써 스스로를 높이려 해서는 안 됩니다. 상대방의 체면을 생각해주어야 합니다. 그러면 미처 생각지도 못한 소중한 인연을 맺게 될 것입니다.

질책할 때는 목적이
무엇인지부터 생각하라

남에게 하는 말을 보물보다 중요하게 여겨라.
말로 주는 상처는 창보다 날카롭고 깊다.

이 세상에서 평생 잘못 한번 저지르지 않고 살 수 있는 사람은 단 한 명도 없습니다. 그런데도 다른 사람이 잘못을 저지르면 크게 화를 내면서 그 즉시 잘못된 행동을 꾸짖는 사람이 있습니다. 하지만 격노했던 상황이 지난 후에는 선의로 했던 질책을 상대방이 받아들이기는커녕 증오심만 남겼다는 사실에 내심 실망할 수도 있습니다.

누구에게라도 질책당하는 것은 절대로 자랑스러운 상황이 아니라는 점을 알아야 합니다. 특히 많은 사람들 앞에서 질책받고 싶은 사람은 아무도 없습니다. 그래서 일부러 체면을 깎아내리려는 의도가 있는 것이 아니라면, 그 사람을 꾸짖을 때는 아무도 없는 곳에서 해야 합니다. 대문을 열어놓은 채로 마치 이 세상 사람들이 모두 들으라는 듯 큰 소리를 내서는 안 됩니다.

만일 당신이 누군가의 잘못을 상황에 관계없이 솔직하게만 지적하면, 좋은 효과도 얻지 못하고 상황을 더 악화시킬 수 있습니다. 또한 이런 식의 지적은 타인의 자존감에 상처를 줄 뿐만 아니라, 자기 자신의 평판에도 영향을 미칩니다. 감정적인 사람으로 비칠 수 있습니다.

월스는 엔지니어링 회사의 안전관리자입니다. 공사 현장의 직원들이 안전모를 쓰고 있는지 등을 감독하는 것이 주요 업무였습니다. 안전모를 쓰지 않은 사람을 만날 때마다 그는 사무적인 어조로 제멋대로 회사 규정을 무시한다고 지적했습니다. 지적을 받은 직원은 겉으로는 그의 질책을 받아들였지만, 속으로는 불만이 이만저만이 아니었습니다. 그래서 늘 그가 자리를 떠나고 나면 안전모를 다시 벗어버렸습니다. 그런 사실을 알게 된 월스는 면전에 대고 지적하는 행동을 멈춰야겠다고 결정했습니다.

그는 또다시 안전모를 쓰지 않은 사람을 발견했지만, 이번에는 전과 다르게 행동했습니다. 안전모를 썼을 때 불편한 점이 있는지, 혹시 사이즈가 안 맞는지 등에 대해 자세하게 물었습니다. 그런 뒤 부드러운 어조로 일깨워주었습니다. 안전모를 쓰는 목적은 다치지 말라는 것이기에 일을 할 때는 반드시 안전모를 써야 한다고 말입니다. 그렇게하자 규정대로 안전모를 쓰는 사람이 갈수록 늘었습니다. 게다가 더 이상 월스에게 불만이나 원망을 품는 사람도 없어졌습니다.

다른 사람을 지적하는 것은 무척 불편한 일입니다. 지적하는 사람이나 지적을 당하는 사람이나 난처하긴 마찬가지입니다. 사실 대부분 지적을 하는 이유는 상대방의 마음을 갈기갈기 찢어놓기 위함이 아니고 수치심을 느끼게 하기 위함도 아닙니다. 그저 자신의 잘못을 제대로 알고 개선하라는 데 있습니다. 다른 사람을 지적할 때는 본래의 목적을 잊어서는 안 되겠습니다.

대화는 상대가 자신 있어 할
주제부터 시작하라

인간관계에서 가장 중요한 것은 진실이다.
진실된 칭찬은 모든 일을 순조롭게 만들어주는 마법이다.

사람들에게는 대개 스스로 만족스러워하는 무언가가 있습니다. 그리고 그것을 다른 사람이 알아봐주고 언급해주면 속으로 아주 뿌듯해합니다. 가령 대화를 나누는 대상이 계속해서 자신이 좋아하는 일로 화제를 돌리면 분명 그 사람에 대해 호감을 갖게 됩니다. 더 나아가 그와 좋은 관계를 형성하게 됩니다. 그래서 대화의 고수는 이 방법을 적절히 사용할 줄 압니다. 그들은 늘 다른 사람과 대화를 나누기 전에 상대방이 좋아하는 일부터 파악합니다. 그런 뒤 일부러 그 일에 대한 이야기를 꺼냅니다.

대화 중에 상대방이 가장 자신 있어 하는 일을 언급해주면, 호감을 얻을 수도 있고 그가 당신을 위해 무엇이든 공들여 해주고 싶은 마음까지 들게 할 수도 있습니다. 좋은 인간관계를 맺고 싶고 신속하게 타인의 호감을 얻어내고 싶다면 이 방법을 잘 익혀두어야 합니다. 예를 들어 성공한 기업가와 친분을 맺고 싶다면 먼저 그가 어떤 빛나는 성취를 거두었는지 파악해야 합니다. 예술가와 친분을 맺고 싶다면 우선 그의 예술 인생에서 어떤 수상을 했는지 등을 파악해야 합니다. 대화 도중에 자연스럽게 그런 내용을 언급하면 상대방은 무척 흐뭇해할 것입니다.

그렇다면 어떤 경로로 상대방이 자랑스러워하는 일의 정보를 입수할 수 있을까요? 첫째, 상대방의 친구들로부터 시작해 가까이 지내는 사람들에게서 그에 관한 정보를 얻을 수 있습니다. 둘째, 여러 차례 접촉하면서 그 사람의 이야기 속에서 정보를 건질 수 있습니다. 사람들은 자신이 자랑스러워하는 일을 뽐내기 좋아합니다. 그러니 주의를 조금만 기울인다면 그런 정보는 그리 어렵지 않게 얻을 수 있습니다.

술은 사양할 수 있지만
감정까지 거절하지는 말라

술잔에 담긴 것이 오직 술뿐이라고
생각해서는 안 된다.

회식 자리에 가면 술을 권유받습니다. 다른 사람이 술을 권할 때는 대체로 그 속에 비즈니스나 감정이 개입되어 있습니다. 그래서 술자리에서는 체면상으로라도 거절하지 않고 술을 마실 수 있다면 마시는 게 좋습니다. 하지만 여러 이유로 술을 마셔서는 안 될 때도 있습니다. 이럴 때는 무리를 하기보다는 거절하는 게 맞습니다.

술을 거절할 때에도 상당한 기술이 필요합니다. 술을 제대로 거절하지 못하는 사람은 대개 '술을 마시고 마시지 않고'의 문제 등으로 인해 의도치 않게 실례를 저지르고 관계를 악화시키기도 합니다. 실제로 술을 거절할 때 가장 중요하게 생각할 것은 술잔 그 자체가 아니라 잔에 담긴 상대방의 호의입니다. 따라서 술을 거절할 때는 술을 권하는 사람의 마음은 일단 충분히 받았다는 제스처를 해보이면서 체면을 살려주

어야 합니다. 그래야 술은 마시지 않더라도 감정까지 상하게 하는 일은
막을 수 있습니다.

술자리에서 가장 일반적으로 사용되는 거절 방법이 바로 '구체적인
사실을 거론해 확실하게 거절하는' 겁니다. 현재 술을 마셔서는 안 되
거나 더 이상 마실 수 없는 구체적인 상황을 털어놓고 확실하게 거절하
는 겁니다. 사실이 웅변보다 낫습니다. 그런 방식으로 사람들을 설득시
켜야 합니다.

쑨 씨는 동종 업계 종사자들과의 회식에 참석했다가 단골 고객인 저
우 씨를 만났습니다. 저우 씨는 한동안 개인적 문제로 쑨 씨와 만나지
못했습니다. 이번에 회식자리에서 쑨 씨를 만나자 반가운 마음에 평소
처럼 그와 함께 시원시원하게 술을 마시고 싶었습니다. 하지만 쑨 씨는
술을 거절하며 이렇게 말했습니다. "오늘은 마음만 감사히 받겠습니다.
미안하게도 요즘 건강이 안 좋아서 지금 약을 먹고 있거든요. 의사가 그
러는데 술 한 방울도 입에 대지 말라고 신신당부를 하네요. 이해해주십
시오. 다행히 앞으로도 기회가 많으니까 다음에 날을 잡아서 코가 삐뚤
어지게 한번 마셔보자고요. 괜찮죠?" 그 말을 하자 손님들도 다들 쑨 씨
의 입장을 이해해주었고 저우 씨도 불쾌해하지 않았습니다.

이런 방법은 술자리가 막 시작되었을 때 사용해도 꽤 효과적이고 술
이 세 순배 정도 돈 뒤에도 마찬가지로 좋은 효과를 냅니다. 가령 술자

리에서 당신이 어느 정도 술을 마시고 난 뒤에 그 자리를 만들었거나 술을 권하는 사람에게 상황을 설명해주는 겁니다. "이렇게 챙겨주니 정말 고마워. 원래는 한두 잔만 마셔야 하는데, 오늘 술을 마시다 보니 기분이 너무 좋아져서 지나치게 마셨네. 그래도 이제는 더 마시면 안 될 것 같아. 이해 좀 해줘."

이런 식으로 적절한 구실을 댄 뒤에는 의식적으로라도 더 이상 술을 마셔서는 안 됩니다. 이렇게 과음한 뒤의 문제점을 확실하게 설명해주는 술 거절의 기술은 잘 사용하면 기분 좋을 때 멈출 수 있습니다. 물론 술을 권하는 사람이 '한창 좋을 때 그만둬야 한다'는 이치를 잘 알아야 하겠지만 말입니다.

상대의 말실수에는
선의의 왜곡으로 대응하라

말하기에 능숙한 사람은 어떠한 상황에서도
분위기를 자연스럽게 만들 재치를 갖추고 있다.

인간관계를 맺는 과정에서 사람들은 말실수를 할 때가 있습니다. 하지만 입에서 내뱉은 말은 마치 쏟아져버린 물처럼 다시 주워 담을 수 없습니다. 그렇다면 이런 상황을 어떻게 자연스럽게 넘길 수 있을까요? 일부러 '잘못 이해했다'는 방법으로 그 분위기를 무마해야 합니다. 선의의 관점에서 고의로 의미를 왜곡해 어색한 상황에 대해 유리한 해석을 하는 겁니다. 그러면서 상대방의 평정심을 회복해 쌍방의 관계에 영향을 주지 않도록 해야 합니다.

영국의 전 수상인 해럴드 월슨Harold Wilson은 강연이 절반 정도 지났을 때 연단 아래 있던 사람이 실성한 듯 내뱉은 비방을 들어야 했습니다. "개똥 같은 소리하고 있네. 쓰레기 같은 인간!" 언뜻 보아도 강연은 엉망진창이 될 것처럼 보였습니다.

월슨은 순간 당황한 듯했지만 이내 미소를 지으며 이렇게 말했습니다. "급할 것 없습니다. 당신이 제기한 문제에 대해 지금부터 이야기를 시작할 테니까요."

이 같은 월슨의 대답에 욕을 퍼붓던 사람은 말문이 막혀버렸고, 강연은 순조롭게 끝났습니다.

원래는 연단 아래 있는 사람이 월슨에게 욕을 퍼붓는 상황이었지만, 월슨은 그 사람이 문제를 제기한 것이라고 말했습니다. 그렇게 말하면 욕을 내뱉었던 상대방이 더 이상 반박할 수 없을 것이라고 생각했던 겁니다. 한 나라의 수상이라는 사람이 어떻게 이렇게 바보 같은 생각을 했던 걸까요? 하지만 그건 아무것도 모르는 소리입니다. 분위기를 회복하려는 현명한 선택이었던 겁니다.

선의의 왜곡은 절대로 단순한 차원의 수습이 아닙니다. 다른 사람의 순간적인 실수를 무마하고, 그 사람의 마음속에 있는 오해와 불쾌감을 해소하며, 인간관계를 정상적으로 유지하는 방법입니다. 효과적이면서도 기술이 필요한 방법이지요.

악의적인 공격에는
장단을 맞추면서 역공하라

말재주란 곧 사람을 설득하는 능력이다.
말재주 있는 사람은 언제 어디서든 우위를 차지할 수 있다.

'사람이 많다 보면 별의별 사람이 다 있다'라는 말이 있습니다. 상상을 초월할 정도로 기괴한 사람도 있다는 소립니다. 어떤 사람은 모욕을 주기 위해 일부러 연기를 하기도 합니다. 그런 사람들의 행동을 그대로 내버려두었다가는 조롱거리가 되거나 비웃음거리가 될 수 있습니다. 엄청나게 체면이 깎이기도 합니다. 이럴 때는 그냥 상대방의 생각을 따르는 척하면서 작은 제스처를 취해 '제 발등을 찍도록' 하는 것도 한 방법입니다.

교활한 부잣집 처녀가 있었습니다. 그녀는 매일 다른 사람을 비웃는 게 낙이었습니다. 어느 날 아침, 한 노인이 나귀를 타고 성으로 들어오는 것을 보고는 찐빵을 손에 들고 소리쳤습니다. "어이, 어이, 어이, 찐

빵 드실라우?"

노인은 처녀의 배려에 감동해 나귀 등에서 내려 처녀에게 예의를 갖췄습니다. "아가씨의 아름다운 마음씨에 그저 감사할 따름이오. 그런데 저는 아침을 일찌감치 먹었다오."

그때 처녀는 머리를 옆으로 돌리며 "당신한테 한 말 아닌데? 저 나귀한테 물어본 거지"라고 말하고는 심술궂게 웃었습니다.

그러자 노인은 아무런 대꾸 없이 나귀한테로 다가가서 일부러 화를 냈습니다. "밖으로 나오면서 친구가 있느냐고 물었을 때 분명 없다고 하지 않았니? 저 아가씨가 네 친구가 아니라면 왜 찐빵을 주겠니?"

그러고는 나귀 등에 올라탄 뒤 가버렸습니다.

교활하고 못된 처녀는 노인을 놀리려고 일부러 사람과 나귀의 대화를 연출해 노인이 당황하기를 바랐습니다. 하지만 노인은 처녀의 놀림에 넘어가지 않았습니다. 오히려 장단을 맞춰주는 방법으로 계속 연극을 이어가면서 자신도 나귀와 함께 대화했던 겁니다. 처녀는 순식간에 나귀 신세로 전락했고, 노인은 처녀의 친구를 가랑이 아래 깔고 앉은 셈이 되었습니다.

이 같은 반격의 핵심은 상대방이 준 모욕에 직접적으로 맞서거나 대놓고 꾸짖지 않은 데 있습니다. 상대방의 생각을 역이용해서 상황을 역전시켜 옴짝달싹 못하게 만든 것입니다.

위로의 말에도
재치가 필요하다

상대방의 말을 경청하고 그의 관심사를 존중할 줄 알면
대화의 절반은 이미 성공한 셈이다.

타인을 위로하는 '전환식 대화술'은 대개 사별한 경험이 있는 친구를 위로할 때 꽤 유용합니다. 재치 있고 듣기 좋은 말로 상대방의 생각을 다른 곳으로 전환시킴으로써 고통스러운 생각을 희미하게 만들어 위로하고자 하는 목적에 도달하는 것입니다.

류펑의 큰형은 간암으로 먼저 세상을 떠났습니다. 위급하다는 전갈을 받고 그가 밖에서 급히 돌아왔을 때는 형수와 조카들이 대성통곡하는 모습만 볼 수 있었습니다. 그들은 가슴이 미어지도록 울고 있었습니다. 그 상황에서 류펑은 큰형의 병세를 차마 꼬치고치 물어보지 못했습니다. 다만 형수의 하소연만 듣고 또 들어주었을 뿐입니다. 형수가 하고 싶은 말을 최대한 다 하도록 배려한 뒤, 류펑은 부드럽게 물었습니다. "너무 상심하지 마세요. 이제 앞으로 어떻게 생활할지 말씀해보세요. 무슨 힘든 일은 없나요?"

조카딸과 조카사위가 나섰습니다. "이제 어머니가 퇴직을 했잖아요. 혼자서 집에 계시니 돌봐줄 사람이 없어요. 어머니를 모시고 가서 살고 싶은데……." 조카아들도 나섰습니다. "저는 지금 대학원에 다니고 있지만 2년 있으면 졸업해요. 엄마는 걱정하지 마세요. 학비는 제가 일하면서 벌면 돼요. 지도교수님 과제 연구를 도와드리면 수입이 좀 생길 거고요. 집에서는 제게 돈을 보내주실 필요 없어요."

그러자 류펑이 말을 이었습니다. "형수님, 보세요. 딸이랑 사위가 정말 효자네요. 아들도 철이 다 들었고 능력도 있네요. 정말 복입니다. 저도 있지 않습니까? 앞으로 어려운 일이 있으면 무조건 저한테 말씀하세요. 제가 꼭 돕겠습니다." 그렇게 위로의 말을 건네자 가족들은 마음이 평안해졌고 삶의 희망을 보았습니다.

사별을 경험한 뒤 고통 속에 있는 친구를 위로하는 방법 중 하나는 그 사람의 관심사를 다른 데로 옮겨 삶의 희망과 행복을 발견하고 마음을 놓게 하는 것입니다. 돌이킬 수 없는 불행을 잠시나마 잊고 미래를 내다보려는 의지를 심어주는 것이지요.

겉으로 드러나지 않는
사교의 암호를 이해하라

한 사람의 생각은 굳이 말이 아니더라도
손짓, 눈빛, 표정으로도 파악할 수 있다.

사회에서 경력을 쌓아가면서 인간관계를 맺으려면 반드시 사교의 '암호'를 이해해야 합니다. 그렇지 않으면 미움을 받을 수도 있고 오해를 불러일으킬 수도 있습니다.

첫째, 다른 사람의 집에 손님으로 갔을 때 주인의 말이 너무 많아지거나 혹은 말이 너무 없거나 심지어는 계속 차를 마시라고 하거나 텔레비전을 보라고 한다면 그때는 집을 나서야 합니다. 사람은 할 말이 없을 때 별로 중요하지 않은 일을 자꾸 이야기합니다. 당신이 계속 머물러 있으면 아마도 상대방은 불편을 느낄 겁니다.

둘째, 지금 당신이 업무 보고를 하고 있는데 상사가 집중하지 않거나 손가락으로 아무 생각 없이 책상 위의 무언가를 떼어내고 있다고 칩시다. 그건 아마도 당신의 보고가 만족스럽지 않다는 의미일 겁니다. 당신이 사무실로 들어섰을 때 그가 책상 아래의 발을 따분하다는 듯 떨고 있다가 당신이 말을 시작하면서 그의 발이 문득 움직임을 멈춘다면 그것은 아마도 당신의 말에 꽤 흥미를 느꼈기 때문일 겁니다.

셋째, 새로 알게 된 사람과 대화를 나눌 때 그가 팔짱끼고 있다면 당신에 대해 방어적 태도를 보이고 있다는 의미입니다. 그러면 그 사람이 당신을 믿기 전까지는 최대한 신중을 기하는 게 좋습니다.

넷째, 술자리에서 당신에게 연거푸 술을 권하는 사람은 당신에게 요구할 것이 있거나 아니면 적의를 갖고 있는 사람입니다. 이럴 때는 신속하게 상황 분석을 하면서 상대방이 전자에 속하는지 후자에 속하는지를 파악해야 합니다. 만일 전자라면 얼른 화제와 관련된 대답을 해주고, 후자라면 그냥 취한 척하면 됩니다.

다섯째, 누군가 당신을 초대했는데 당신이 흔쾌히 초대를 수락했을 때 상대방이 갑자기 시치미를 떼며 말머리를 돌릴 때가 있습니다. 이럴 때 그의 초대는 그냥 한 말이었던 겁니다. 그러면 더 이상 초대에 대해 물어보지 않는 게 좋습니다. 꼬치꼬치 캐물었다가 눈치 없는 사람이 될 수 있습니다.

여섯째, 당신의 친구가 당신이 실수했을 때 말하지 않는다면 직접적으로 말하는 것보다 그 편이 훨씬 무섭습니다. 이런 친구는 유익한 친구가 아닙니다. 절대 조심해야 합니다.

제6장

믿음을 나눌 때는
거짓됨이 없게

- 친구와의 관계 원칙 -

함금량 높은 사람을
곁에 두고 교류하라

누구나 친구가 될 수 있다.
그것을 막는 것은 편견과 두려움뿐이다.

여섯 사람만 거치면 세상 모든 사람과 만날 수 있다는 '6단계 분리 이론'은 사람과 사람 사이의 거리가 절대 멀지 않다는 점을 시사해줍니다. 사람에 대한 신뢰를 바탕으로 관계와 소통을 보강하는 데 노력한다면, 분명 나이, 성별, 직업, 국가를 막론하고 세계 각지의 친구들과 사귈 수 있습니다.

정상급 인물들과 사귀는 것에 대해서도 두려운 마음을 가져서는 안 됩니다. 자기와는 너무 멀리 떨어져 높은 곳에 있는 사람이라는 생각에 접근조차 불가능할 것이라 속단할 필요는 없습니다. 사실 잘 알려진 큰 인물이라 해도 모두 다 비슷한 사람하고만 어울리는 것은 아닙니다. 그들 주변에도 평범한 변호사, 의사, 회계사, 친척, 친구 등이 있습니다. 만일 그들과 사귀고 싶다면, 주변 사람들부터 친분을 쌓아 그 사람과 만날 기회를 한번 마련해달라고 부탁할 수 있습니다. 방법을 생각해내고 행동에 옮기면 결국 소득이 있게 마련입니다.

류강은 구석진 산간 지역 출신으로, 평상시 아는 사람이 거의 없었습니다. 그러던 어느 날 학교에서 한 전문가의 강연을 듣게 되었는데, 깊은 감명을 받아 그 사람을 무척 존경하게 됐습니다. 자기 인생의 방향을 찾은 것만 같았습니다. 그래서 몇몇 동료들을 붙잡고 물어도 보고 이러저러한 과정을 거쳐 드디어 그 사람의 연락처와 집주소를 알아낼 수 있었습니다. 하지만 다짜고짜 집에 찾아갈 수도 없어 접근할 방법을 찾는 게 쉽지 않았습니다.

다행히 운이 따라주었는지 친구의 친구가 마침 그 전문가와 같은 주택 단지에 살고 있었습니다. 그래서 전문가가 주말에는 종종 찻집에서 차를 마신다는 사실을 알게 되었습니다. 류강은 주말마다 찻집에 가서 그를 기다렸습니다.

마침내 전문가가 찻집에 들어서자, 류강은 기쁨을 감추지 못하고 전문가에게로 걸어가 인사를 하고 자기소개를 한 뒤 차 한 잔을 함께해도 될지 공손히 물었습니다. 그 기회를 놓치지 않고 전문가에게 자신의 생각을 전달했고 칭찬도 받았습니다.

3개월 뒤 류강은 전문가의 조수가 되었습니다. 그 뒤로 전문가는 또 류강에게 업계 내의 수많은 일류급 인물들을 소개해주었습니다. 그렇게 류강은 풍부한 인맥자원을 소유한 사람이 됐습니다.

류강의 이야기는 큰 의미를 담고 있습니다. 만일 당신이 아직 사회 경험이 거의 없는 청년이어서 아무 인맥이 없다 하더라도 그건 별로 문제가 되지 않습니다. 미리 겁내지 말고, 단정 짓지 말고 꾸준히 방법을 찾고, 방법을 찾은 다음에는 주저하지 말고 행동에 나선다면 유명 인사들과 교류하는 것도 그렇게 불가능한 일만은 아닐 것입니다.

이용당할 것을 걱정 말고
이용당하지 못할 것을 걱정하라

인간관계의 본질은 서로가 지닌 '가치'를 교환하는 데 있다.
좋은 인맥을 쌓고 싶다면 먼저 자신의 가치를 높여야 한다.

사람들은 모두 능력 있는 사람과 사귀고 싶어합니다. 경쟁이 갈수록
치열해지는 오늘날에는 일단 가치가 없는 사람은 주변 사람들로부터
쉰밥 버려지듯 버림을 받습니다. 못 믿겠다면 다음의 가설을 한번 살펴
보시기 바랍니다. 한 사람이 있습니다. 그는 당신을 위해 다양한 정보
를 제공해주지도 못하고, 당신에게 아무런 도움도 주지 못합니다. 하지
만 그 사람은 자기에게 어려움이 생기면 냉큼 달려와 당신을 찾습니다.
자, 이런 사람과 친구가 되고 싶은가요?

당연히 아닐 것입니다. 친구 간의 관계는 일방적으로 요구하고 봉사
하기보다는 서로 도와야 오래갑니다. 주변 사람들의 도움을 얻고 싶고
다른 사람의 신임을 받고 싶다면, 당신의 가치를 교환할 줄 알아야 합
니다. 이것이 사람과 사람 관계를 묶어주는 본질적 조건입니다.

류퉁은 선전시에 있는 어느 전자회사의 베테랑 세일즈맨입니다. 그는 매년 회사에서 세일즈 1등에 선정되었고, 사무실에도 그가 받은 각종 트로피들이 가득 놓여 있었습니다.

그에게는 늘 실천하려고 노력하는 좋은 생각이 하나 있었습니다. 세일즈 분야와 관련된 지식을 끊임없이 공부하고 자신의 가치를 부단히 향상시키는 것이었습니다. 그랬기에 그를 찾아와 제품을 주문한 고객들은 언제나 원하는 정보를 얻을 수 있었습니다. 그리고 그는 고객의 그 어떤 요구사항에도 인내심 있게 가장 최신의, 가장 전문적인 서비스와 정보를 제공했습니다.

그를 전자제품 세일즈 상담원쯤으로만 여기고 그에게서 제품을 구입하지 않은 고객이 있었습니다. 하지만 류퉁은 그에 대해 크게 신경 쓰지 않았습니다. 여전히 성실한 태도로 고객을 응대하면서 머지않아 그 고객과 관계를 맺을 것이라고 생각했습니다. 단 한 명의 고객도 소홀히 대하지 않았습니다. 이처럼 그가 성공한 비결은 자신의 가치를 이용해 타인의 가치를 바꾸는 데 유능했기 때문입니다.

류퉁은 자신의 가치를 최대한 끌어올려 많은 고객을 자기 사람으로 흡수할 수 있었습니다. 그리고 결과적으로 실적도 올렸습니다. 사람이 타인과 사귀는 이유의 대부분은 상대방에게서 필요한 것을 얻기 위함입니다. 물론 물질적인 것만을 의미하는 것은 아닙니다. 인정과 지지 같은 정신적인 교류도 매우 중요합니다. 인간관계의 상호 유익 원칙에 따라 사람들이 사교의 장에서 취하는 관계전략은 '인정을 중시하면서도 공리를 추구한다'는 데 있습니다. 만일 당신에게 아무런 유용 가치가 없다면 아마도 당신 주변에는 아무도 남지 않을 것입니다.

그러니 사교의 장에서 다른 사람에게 '이용당한다'는 사실에 겁먹지 말아야 합니다. 정작 걱정해야 할 점은 당신에게 가치가 있느냐 없느냐입니다. 가치가 없는 사람은 인간관계에 존재하는 윈윈의 원칙을 파괴해버리기 때문입니다. 이렇게 균형을 잃은 인간관계는 사회에서 돌파구를 찾을 수 없습니다. 가치를 부단히 높이는 것이야말로 자신이 인맥 네트워크의 핵심적 연결점이 되는 길이라는 사실을 명심해야 합니다.

정에만 의존하는 관계는
언제든 깨질 수 있다

현대사회에서 정말로 견고한 관계는
감정이 아닌 실력과 신뢰를 바탕으로 맺어진다.

통신이 발달하지 않은 시대에 인간관계 경영에 대해 사람들이 가장 자주하는 말은 '감정의 나눔'이었습니다. 이른바 인적관리는 주변의 동기, 동료, 친척 등 자신이 알고 있는 사람들에 대해 극진한 대접을 하고 그들과 정을 주고받는 행위에 불과했습니다. 만일 상대방에게 일이 생기면 적극적으로 도움을 주기도 했습니다. 그래야만 자신에게 도움이 필요할 때 당당하게 상대방에게 지원을 요청할 수 있기 때문입니다.

물론 동기, 친척, 친한 친구와 마음을 나누는 것은 인간의 자연스러운 감정입니다. 아무런 구애 없이 마음속 말을 털어놓을 수 있는 좋은 친구가 있다는 것은 행운입니다.

하지만 현대에 들어와 그 같은 감정의 나눔은 시대에 뒤떨어진 사고가 됐습니다. 특히 업무적 측면에서 서로 간에 정으로만 인간관계를 쌓기 바란다면 장기적인 협력 관계를 유지할 수 없을 뿐만 아니라 이후에 심각한 부작용이 발생할 수도 있습니다. 오늘날 업무와 관련된 협력 과정에서 안정적인 관계를 맺고 서로 간의 신뢰감을 쌓기 위해서는 일이 기본이 되어야지 감정에 의지해서는 안 됩니다. 잠시 다음 상황을 살펴보겠습니다.

1. 사원 A는 인간관계가 꽤 괜찮은 편이고 동료들 사이에서도 인기가 무척 좋습니다. 하지만 업무 면에서 실수가 잦고 회사에 엄청난 손실을 끼친 일도 있습니다. 이런 사람을 과연 회사에 계속 머물게 해야 할까요?

2. 팀장 B는 업무 능력은 형편없어도 사람이 좋습니다. 이런 경우에 과연 부하 직원들이 그를 믿고 따를 수 있을까요?

당연히 그럴 수 없을 겁니다. 설령 그럴 수 있다고 하더라도 이건 정상적인 상황이 아닙니다. 업무적 측면에서 좋은 인간관계란, 업무 능력을 바탕으로 형성된 상호 신뢰할 수 있는 관계라는 뜻입니다. 그래서 평상시 아무리 다정한 표정을 짓고 좋은 말을 하더라도 맡은 일을 잘 해내지 못하거나 다른 사람에게 손해를 끼친다면 그 사람과는 좋은 관계를 이어나갈 수 없을 것입니다.

투자가들이 성공할 수 있는 이유는 투자와 관련한 해박한 지식들을 알고 있기 때문입니다. 그래서 사람들이 그를 찾아와 자문을 구하고 그 과정에서 강력한 인간관계를 형성하는 겁니다.

결론적으로 말해 업무 중에서 진정으로 필요한 것은 상대방과 서로 돕고 서로 이익을 나눌 수 있는 '윈윈'의 인간관계입니다. 오늘날 비즈니스 사회에서 견고한 인간관계를 구축하기 위한 3가지 조건이 있습니다.

1. 쌍방은 이익의 호환을 원한다.
2. 쌍방의 기대치가 어느 정도 일치한다.
3. 쌍방은 장기적 왕래를 원하지만, 이런 관계가 고착돼서는 안 된다.

만일 이런 전제가 충족되지 못한다면, 견고한 비즈니스 관계는 형성되기 어렵습니다.

똑똑한 인간관계의 달인들이 주목하는 점이 있습니다. 정에 의존해 수립된 인간관계는 매우 허술하다는 것입니다. 진정한 인맥은 자신이 처한 환경에서 서로에게 이익이 되는 가운데 함께 성장한 뒤에야 비로소 형성되는 것입니다.

평생 가까이해서는
안 되는 다섯 가지 유형

군자의 사귐은 담백하기가 물과 같고 세월이 흐를수록 더욱 진실해진다.

소인의 교제는 달콤했다가 순식간에 원수처럼 변한다.

자기 이익만 챙기는 사람

친구라면 행복은 함께 누리고 고통은 같이 나눌 수 있어야 합니다. 하지만 그런 사람을 만나는 것은 생각보다 쉽지 않습니다. 이 세상 모든 사람들이 자기의 이익을 위해 셈을 하기 때문입니다. 하지만 사리에 밝고 도덕적인 사람이라면, 다른 사람 입장은 생각하지 않은 채 오로지 자신의 이익만을 위해 행동하는 이기적인 짓은 하지 않습니다.

반면에 이기적이고 이익만 추구하는 사람은 자신과 가까운 사람에게 가장 쉽게 해를 끼칩니다. 친하면 친할수록 상대방이 선의를 베풀 것을 알기에 그 점을 이용할 별의별 궁리를 다하면서 부당한 이익을 차지하려 합니다.

은혜와 의리를 쉽게 저버리는 사람

은혜와 의리를 저버리고 은혜를 원수로 갚는 것은 전형적인 소인배의 행태입니다. 이런 사람은 당신이 도움을 주었더라도 그 일을 절대 중요하게 생각하지 않습니다. 그런 사람들은 자신의 이익은 중요하게 생각하면서 남이 준 도움은 당연하게 생각하기 때문입니다. 이런 사람들이 가장 잘 써먹는 수법이 바로 등 뒤에서 칼을 꽂는 것입니다.

당현종唐玄宗 때 계문薊門에 방림方林이라는 수재가 있었습니다. 영민하고 배우기를 즐기는 사람인지라 많은 책을 탐독한 데다 훌륭한 토론 실력을 갖추고 있어 현지 사람들의 존경을 한몸에 받았습니다. 한편 통혜通惠라고 불리는 부자가 있었습니다. 사람이 충직하고 성실했습니다. 방림의 재주를 무척이나 높이 산 그는 방림과 친구 관계를 맺었습니다.

당시 현종은 인재를 중시해 사방에서 유명 인사나 뜻 있는 인재를 수소문해 찾았습니다. 방림은 장안으로 가서 능력을 펼치고 싶었고 황제의 신임을 얻고 싶었습니다. 하지만 주머니 사정이 여의치 않아 종일 한숨만 쉬면서 울적해하고 있었습니다. 이때 방림의 마음을 잘 알고 있던 통혜가 방림에게 꽤 많은 돈을 주어 장안으로 가서 현종을 만날 수 있게 도왔습니다.

장안으로 간 방림은 모든 관계를 거쳐 빠르게 당현종을 만나고 중용되었습니다. 통혜는 방림이 중용되었다는 소식을 접하고 자기 일처럼 기뻐했습니다. 그리고 선물을 바리바리 싸서 장안으로 방림을 찾아가

축하해주었습니다. 하지만 방림은 통혜가 자신을 찾아왔다는 말을 듣고는 속으로 통혜가 자신에게 돈을 요구할지도 모른다는 생각을 하고 말았습니다. 그러니 당연히 마음이 불쾌해졌고 마음이 불쾌하니 말투도 곱지 않았습니다. 이에 통혜는 방림의 속내를 들여다보고는 하루만 머물고 곧 돌아와버렸습니다.

방림은 통혜가 다시 올까 봐 걱정되어 계문에 주둔해 있는 군대의 장군에게 밀서 한 통을 보냈습니다. 통혜가 장안에 오는 것은 모반을 일으키기 위함이니 조심하라고 일러둔 것입니다. 장군은 편지를 받은 뒤 크게 분노했고 즉시 통혜를 잡아들여 변명할 여지도 주지 않고 바로 죽여버렸습니다. 사건의 진상을 알게 된 계문의 백성들은 끓어오르는 분노를 참을 수 없어 방림의 행위를 놓고 꾸짖었습니다. 그로부터 얼마 지나지 않아 방림은 억울하게 죽은 통혜가 나오는 꿈을 자주 꾸면서 불안에 떨다 결국에는 죽고 말았습니다.

방림과 같은 친구와 사귀고 싶은 사람이 있을까요? '한 방울의 물을 마셨으면 샘에서 솟아나오는 물만큼 갚아야 한다'라는 말이 있습니다. 이것이 바로 사람으로서 기본적으로 갖춰야 할 상식입니다. 은혜를 베푼 사람에게 보답할 줄도 모르면서 어떻게 다른 사람이 당신에게 도움을 줄 것이라고 기대할 수 있을까요? 이런 사람과 친구를 맺는다는 것은 스스로 자기 무덤을 파는 것과 같습니다.

제 기분에 따라 행동하는 사람

옛말에 '신용이 없으면 출세하지 못한다'라고 했습니다. 신용이 바로 출세의 기본이며 사람과 사람 사이의 관계를 유지하는 기초라는 뜻입니다. 특히 현대사회에서는 더더욱 그렇습니다.

신용이 부족한 사람은 다음과 같은 특징이 있습니다. 잠시 뒤에 전화를 하겠다고 방금 말했는데 한참이 지나도 아무 회신이 없는 겁니다. 그러고는 늘 '잊어버렸어!'라든가, '오늘은 너무 바빠서 못하겠네!'라면서 얼버무립니다. 이런 사람들과 안심하고 친구가 될 수 있을까요? 사소한 부분에서 큰 것을 볼 수 있습니다. 사소한 일마저도 약속을 지키지 못한다면 큰일은 더 말할 것도 없습니다. 평생을 이랬다저랬다 변덕부리는 사람과 함께해서는 안 됩니다. 이런 사람과 사귀어봐야 깊은 실망만 남을 뿐입니다.

상황에 따라 태도를 바꾸는 사람

기회주의자란 주관이 없고 상황에 따라 말과 행동을 바꾸는 사람을 말합니다. 그들은 세력을 얻을 수 있고 더욱 강력한 곳으로 향합니다. 주위 환경을 기민하고 섬세하게 관찰하면서 힘들이지 않고 손쉽게 자신을 보호합니다. 이런 사람들은 일반적으로 덕이 없고 수양이 부족하며 원칙도 없고 바람 부는 대로 흔들립니다.

그들에게는 뛰어난 재능이나 원대한 계획이 부족하고, 그저 눈앞의 작은 이익만을 좇습니다. 그저 매 순간 든든한 배경을 찾아 거기에 의지하고 싶어합니다. 그들은 자기 자신에게 의지하는 법을 모릅니다. 교활함과 간사함과 위선으로 똘똘 뭉쳐 있어서 절대 신뢰할 수 없는 존재들입니다.

소문을 퍼뜨리는 입이 가벼운 사람

다른 사람의 사생활에 관심이 많고 이러쿵저러쿵 말이 많은 사람들이 실제로 많습니다. 그들은 작은 사실 하나에 상상을 덧붙여 일을 확대하고 소문을 퍼뜨려 다른 사람의 이미지에 타격을 줍니다.

물론 본래 나쁜 의도를 가지고 그러는 것은 아닙니다. 하지만 별 생각 없이 말을 누군가에게 상처를 주고 하고 아무렇게나 내뱉는 말은 누군가에게 상처를 주고 언제든 독이 되어 돌아옵니다. 그런 사람들과는 최대한 거리를 두어야 해를 입지 않습니다.

너무 가까이 두어서는
안 되는 네 가지 유형

진정한 우정이란, 친구에게 필요한 것은 미리 헤아리고
자기에게 무엇이 필요한지는 애써 드러내지 않는 것이다.

– 앙드레 모루아André Maurois

지나치게 감성적인 사람

누구나 살아가면서 예상치 못한 뜻밖의 일을 겪습니다. 하지만 그런
일을 당할 때마다 쩔쩔매면서 해결할 방법은 찾지 않고 속절없이 울며
불평만 하는 사람이 있습니다. 그런 사람은 자기 주변 사람까지 고통의
영역으로 끌어들입니다. 그들은 당신을 무료 심리치료사쯤으로 여겨
감정을 쏟아내고, 어쩔 수 없이 위로하는 과정에서 당신은 에너지를 소
진하고 맙니다.

이렇듯 지나치게 감성적인 사람이 미치는 영향은 상상 이상으로 훨
씬 큽니다. 정신 건강을 위해서는 최대한 이들과 거리를 두고 가능한
한 적게 만나야 합니다. 그래야만 불필요한 손해를 입지 않을 수 있습
니다.

질투심 강한 사람

질투심이 강한 사람은 다음과 같은 특징을 지니고 있습니다. 같은 수준에 있을 때 그 사람과 당신은 아주 좋은 사이일 수 있습니다. 하지만 당신이 더 나은 수준이 되면 그때부터 그 사람의 마음속에는 질투가 일어 당신을 미워하고 뒤에서 당신에 대해 안 좋은 이야기를 퍼뜨리고 암암리에 끊임없이 골칫거리를 만들 것입니다. 이런 친구야말로 적보다 훨씬 두려운 존재입니다. 만일 당신 주변에 이렇게 질투 많은 친구가 있다면 일찌감치 거리를 두는 것이 좋습니다.

류칭은 졸업 후에 상하이에 있는 한 대형 전자회사에 채용됐습니다. 신입사원인 그녀는 열정이 있고 성실하고 다정해 주위 동료들과 친하게 잘 지낼 수 있었습니다. 특히 장첸은 그녀를 많이 도와주었고 나중에는 서로 못 할 말이 없는 둘도 없는 친한 친구가 되었습니다.

반년이 지난 뒤 류칭은 업무 실적을 인정받아 부서의 차장으로 승진했습니다. 그러자 장첸의 태도가 달라졌습니다. 확연히 냉담해져서 말도 섞으려 하지 않았습니다.

어느 날 류칭은 부장에게 불려가 한바탕 잔소리를 들어야 했습니다. 부장은 꽤 화가 나 있었습니다. "책임자로서 매순간 언행에 주의해야 한다는 걸 모르는 거야?" 류칭은 아무리 생각을 해봐도 대체 부장이 무슨 말을 하는지 알 수가 없었습니다. 하지만 곧이어 사실을 알게 됐습니다. 장첸이 과거에 자신과 함께 상사에 관해 나누었던 이야기를 전부

고자질한 것이었습니다.

이번 사건으로 강등되거나 한 것은 아니었지만, 상사에게는 확실히 믿지 못할 사람으로 낙인찍혀 버렸습니다. 류칭은 자신에게 그렇게 잘 해주던 장첸이 질투심 때문에 이런 일을 벌일 줄은 상상조차 하지 못했습니다.

질투심이 너무 강한 사람과 친구가 되면 분명 가혹한 대가를 치러야 한다는 사실을 류칭의 이야기를 통해 알 수 있습니다. 그래서 이런 사람들과는 거리를 두어야 합니다.

매사에 까다로운 사람

어떤 일을 하든 어떤 사람과 사귀든 무조건 완벽을 추구하고 굳이 남의 흠을 들춰내는 사람이 있습니다. 이런 사람들은 무엇을 보든 다 마음에 들어 하지 않고, 어떤 일에서든 문제를 꼬집어냅니다. 사람에 대해서든 일에 대해서든 무척이나 까다롭습니다.

이런 사람과 가까이 지내면 보통을 넘어서는 피곤을 경험하게 될 것입니다. 그가 주는 고통을 견디다 못해 어느 순간이 되면 두 손을 들게 됩니다. 억지로 남의 흠을 들추어내는 사람과는 최대한 거리를 두어야 합니다. 어차피 그들이 말하는 '흠'이라는 것도 객관적이지는 않기 때문에 아무런 도움도 되지 않습니다.

상대방을 존중할 줄 모르는 사람

사적으로는 관계가 좋지만, 공적인 장소에서 당신을 존중하지 않고 자신의 기분이나 생각에 따라 계속 이래라저래라 명령을 내리는 친구가 있습니다. 이런 사람과 친구를 맺으면 당신 체면만 깎이고 그 사람의 나쁜 감정 때문에 상처를 받을 수밖에 없습니다.

같은 대학에 다니는 자이와 장리는 어릴 적부터 친구였기 때문에 우정이 아주 두터웠습니다. 자이는 예쁘장하게 생긴 데다 대학 성적도 아주 우수해서 동기들 사이에서 선망의 대상이었습니다. 하지만 장리는 그다지 예쁜 외모도 아니었고 성적도 그다지 좋지 않았습니다. 그렇다 보니 자이 앞에서 장리는 '미운 오리 새끼' 같은 존재일 뿐이었습니다. 이런 이유 때문에 장리는 자신감이 없었고, 늘 비관적이었습니다. 자이가 자신에게 뭔가를 시키면 불평도 하지 않고 다 들어주었습니다.

하루는 장리가 학교에 갔다가 기숙사로 오는데, 자이가 자신을 보며 이를 부득부득 갈고 있었습니다. "너 어디 가서 뭐 하다가 이제 온 거야? 내가 여기서 너를 얼마나 기다렸는 줄 알아?"

"나, 나는 강의실에서 강의 내용을 한 번 더 훑어보고 왔어. 아침에는 네가 아직 자고 있어서 차마 깨울 수가 없었어……." 장리가 쭈뼛거리며 대답했습니다.

"같이 봄나들이 가자고 약속한 것 잊었어? 약속해놓고 이제야 오면 어떻게 해? 이렇게 많은 걸 나 혼자 어떻게 들고 다니라고. 너 때문에 좋은 봄 경치를 다 놓치게 됐잖아!"

결국 장리는 폭발하고 말았습니다. 눈물이 흘러 내렸습니다. 장리는 가장 친한 친구인 자이가 왜 자신을 이렇게 노예처럼 대하는지 도무지 이해할 수 없었기 때문입니다. 그 길로 장리는 자이와 절교했습니다. 자신도 자신의 인생이 있으니 이후로는 각자 알아서 하는 게 좋겠다고 말했습니다.

자이는 친구를 존중하고 자상하게 대할 줄 몰랐기 때문에 상대방을 더 이상 참을 수 없는 지경까지 몰아갔고 서로 절교하게 됐습니다. 현실에서 당신 주변에도 이런 친구가 있을 것입니다. 그들은 당신에게 아주 가혹한 요구를 하면서 자신의 이익을 중심에 놓고 끌고갑니다. 이런 사람은 타인의 감정을 고려하지 않습니다. 만일 당신에게 이런 친구가 있다면 거리를 두어야 상처를 입지 않고 자존감을 지킬 수 있습니다.

평생 곁에 두고
우정을 쌓아가야 할 다섯 가지 유형

진정한 우정은 불과 같아서
가장 어두운 순간을 가장 환하게 밝혀준다.

좋은 점과 나쁜 점을 솔직하게 충고해주는 사람

당신의 '장점과 단점'에 관심을 갖고 제때에 그 지점을 언급해주는
친구가 있습니다. 그러면서 당신이 스스로 끊임없이 노력하고 완벽해
질 수 있도록 도와 인생의 길을 순탄히 갈 수 있도록 격려합니다. 이런
친구는 당신 인생의 '지도자'이기 때문에 어떤 노력을 쏟아부어서라도
그 사람과 오래도록 친분을 나눠야 합니다.

당태종唐太宗은 이런 말을 했습니다. "황제가 똑똑한 머리와 풍부한
지식에만 의지해서는 안 된다. 아래 신하들의 의견과 건의를 많이 듣는
것이 더욱 중요하다. 수양제隋煬帝는 자신의 능력이 비상해 지나치게
자신만만했다. 그래서 입으로는 요임금과 순임금의 말을 했지만, 실상

은 폭군인 하왕과 상왕의 행동을 했다. 그러다 결국 멸망을 자초했다."

당태종 수하에는 위징魏征이라는 신하가 있었는데 직언과 진언을 자주 했습니다. 두 사람은 대전에서 얼굴이 빨개지도록 흥분하면서 논쟁을 벌이기도 했습니다. 하지만 당태종은 한 번도 그를 벌한 적이 없었습니다. 아무리 화가 나더라도 말입니다.

위징이 병으로 세상을 떠날 때 당태종은 너무 비통한 나머지 직접 애도의 뜻을 표했습니다. "구리로 거울을 만들면 의관을 단정히 할 수 있고, 고대를 거울삼으면 흥망과 성쇠를 알 수 있으며, 사람을 거울삼으면 득실을 분명하게 알 수 있다. 나는 일찍이 이 세 종류의 거울을 구비해 나 스스로 잘못을 범하게 되는 것을 방지했다. 이제 위징이 질병으로 세상을 떠났으니, 거울 하나를 잃은 것이다."

당태종은 위징 등 신하들을 거울삼아 그들의 충언에 귀 기울였습니다. 그러면서 자신을 똑똑히 들여다보고 정관貞觀 시대의 태평성대를 열었습니다. 만일 주변에 위징과 같이 '충고해주는 친구'가 있다면 꼭 붙잡고 깊은 관계를 유지해야 합니다.

마음에 위안을 주는 사람

진정한 지기는 정신의 영역에 속해 있는 사람입니다. 그래서 그는 재능이 출중하지 않을 수도 있고, 당신보다 나이가 아주 많거나 적을 수도 있습니다. 하지만 당신보다 성숙하고 신중하며 지혜롭고 사람의 속

마음을 잘 이해합니다. 그 사람에게는 반려자들이 주는 포악함이나 무시가 없고 정인들이 주는 연연함이나 고통이 없습니다. 지기란 서로의 생각을 존중해주는 관계이며 전화를 걸면 늘 담소가 끊이지 않는 관계입니다. 다른 사람에게 말할 수 없는 일을 당신은 그 사람과 나눌 수 있습니다.

이런 지기가 있다는 것은 당신의 인생에 정신과 의사 한 명이 더 생기는 것과 같고, 마음의 일기 한 권이 더 생기는 것과 같습니다. 그 사람은 당신이 재잘재잘 쉴 새 없이 떠든다고 해서 당신을 멀리 하지 않고, 당신이 막무가내로 귀찮게 군다고 해서 당신을 싫어하지도 않습니다. 그 사람은 당신이 어두운 곳에 처해 있을 때 당신에게 가장 좋은 해결 방안을 제시한 뒤 당신과 함께 어두운 공간에서 벗어납니다. 한편 당신이 기쁠 때면 그 사람은 당신의 시야에서 조용히 사라져 당신의 행복을 묵묵히 즐깁니다. 만일 주변에 이런 지기가 있다면 꼭 붙잡아야 합니다. 그 사람은 당신의 정신이 의탁할 대상이자 당신의 '마음'이 위안을 얻을 수 있는 좋은 안식처입니다.

이해관계를 잘 따져서 미리 경고해주는 사람

당신을 대신해 이해관계를 따져서 경고해주는 사람은 일반적으로 강력한 위기 의식을 갖추고 있습니다. 그들은 당신이 미처 생각해내지 못하는 깊은 수준의 이해관계를 고민합니다. 그리고 진심을 다해 경고를 주어서 당신이 위험에서 멀어지고 피해를 입지 않게 해줍니다. 이런 친구와 함께 있으면 불의의 재난을 피해갈 수 있습니다. 그와는 꼭 깊이 사귀어야 합니다.

전국시대에 진나라의 승상인 범저范雎 주변에 이런 벗이 한 명 있었습니다.

범저는 자신의 재능 덕분에 진나라의 재상으로 봉해졌습니다. 그런데 친구인 채택蔡澤은 범저가 그 자리에서 물러나야 하고 재상으로 있으면서 사용했던 인장도 내어주어야 한다고 말했습니다. 이에 범저는 채택에게 깊은 반감을 갖고 원망의 말을 쏟아부었습니다. "나는 제자백가의 학설도 알고, 많은 사람들의 변론도 다 물리쳤다. 헌데 하찮은 채택이 감히 대담하게도 허튼소리를 하고 있다. 진나라 왕조차도 내게서 관의 도장을 앗아갈 생각은 하지 않거늘."

이 말을 들은 채택은 범저가 자신에 대해 얼마나 반감이 심한지 알면서도 죽음을 무릅쓰고 직접 찾아가 진심으로 다시 한번 이치를 말했습니다. 그는 고대의 이름난 재상들이 정세를 잘 살피지 못해 직위에서 물러나 자취를 감췄는데 그 결과 살해되는 화를 입었던 사례를 열거했습니다. 또한 명망이 드높고 권세가 있을 때 스스로 관의 도장을 넘겨주는 것의 이로움을 절절하게 이야기했습니다. 동시에 비유의 방법을 통해 범저를 타이르기도 했습니다. "물총새와 백조, 코뿔소와 코끼리는 각각 두 종의 생명력이 무척 강한 동물입니다. 그런데도 그렇게 일찍 죽는 이유는 먹이에 욕심을 부렸기 때문입니다. 과하게 공명을 탐내면 그저 눈앞의 일만 볼 수 있으니, 제발 그러지 마십시오."

강하게 이치를 따지고 선의의 충고를 하는 채택을 보고 범저는 오해를 풀고 욕심을 내려놓기로 했습니다. 그러고는 관의 인장을 내어주고 훗날 큰 화를 면했습니다.

당신을 대신해 이해관계를 고민해주는 친구는 인생 여정의 '나침반'이나 '비호자'입니다. 당신 주변에 이런 친구가 있다면 기회를 놓치지 말고 꼭 깊은 우정을 쌓기 바랍니다.

번거로운 일도 마다하지 않고 나서주는 사람

세심하고 포용력이 있으며 친구 간의 감정을 무척 중요하게 생각하는 친구가 있습니다. 친구가 부탁한 일이라면 번거로워하지도 않고 또 고생도 마다하지 않고 최선을 다합니다. 그런 사람들과 함께 일을 처리하면 그들은 늘 세심하게 당신이 어렵게 느끼는 부분이 무엇인지 관찰하고 당신에게 번거로운 일들을 처리할 수 있도록 돕습니다. 그러면 당신은 아무 걱정 없이 순탄하게 일을 해나갈 수 있습니다.

류쒜는 베이징의 어느 외국계 기업의 임원입니다. 업무가 너무 바빠서 일상생활의 사소한 일은 무시하고 넘어가곤 했습니다. 하지만 그의 부하 직원인 천빈은 상사의 번거로운 일을 대신 처리하기 위해 고생을 마다하지 않고 뛰어다녔습니다. 예를 들어 류쒜가 회의에 참석하느라

밥 먹는 것을 잊어버리면, 천빈은 미리 식사를 준비해놓았다가 사무실 책상 위에 올려놓기도 했습니다. 또는 류쉬가 업무 때문에 유치원에 가서 아이를 데려오는 일을 잊어버리면 천빈이 알아서 아이를 데리러 갔습니다. 부하 직원으로서 천빈은 자기 수중에 놓인 일은 아니더라도 애써 류쉬를 위해 이리저리 바삐 뛰어다니면서 생활 속의 사소한 일을 처리했습니다. 그야말로 류쉬가 깊이 감동할 일입니다.

만일 당신이 천빈과 같은 친구를 사귈 수 있다면 일상생활에서 일어나는 크고 작은 수많은 골칫거리들을 피할 수 있을 겁니다. 그래서 이런 친구에 대해서는 마음을 다해 대하고 평생 깊은 관계를 유지해야 합니다.

외관을 정리해주는 사람

이런 친구들은 당신을 위해 고민하고 일을 처리할 때 대국적 관점에서 출발해 당신이 현장을 정리하는 데 전력을 다해 도움을 줍니다. 당신을 도와 외관을 정리해주는 겁니다. 당신이 순조롭게 일을 처리할 수 있게 해줍니다. 이런 친구와 함께하면 당신은 무척 그럴 듯하고 자신만만하게 자신의 일을 완성할 수 있으며 계획한 목표를 순조롭게 달성해낼 수 있습니다.

장샹은 베이징에 있는 제약회사의 마케팅부 부장입니다. 직책 때문에 평상시에 대규모 회의에 참석하거나 회의를 직접 주재해야 합니다. 하지만 그는 본래 세심하지 못해 자잘한 문제는 신경 쓰지 못했습니다.

그런가 하면 류둥은 장샹의 부하 직원이자 평상시에는 아주 친한 친구였습니다. 가끔은 백화점에 가서 장샹에게 가장 잘 어울리는 정장을 골라주기도 했고 유명하고 비싼 자동차를 렌트해주기도 했습니다. 류둥은 장샹을 위해 외관을 정리해주고 있었던 겁니다. 그 덕분에 장샹은 대중 앞에서 좋은 이미지를 만들 수 있었고 일도 꽤 순조롭게 진행할 수 있었습니다.

장샹은 류둥의 도움을 받고 나서야 비로소 대중 앞에서 좋은 이미지를 세울 수 있었고 업무 실적도 좋아졌습니다. 만일 당신 주변에 류둥과 같이 사심 없이 도움을 주는 친구가 있다면 반드시 감사의 뜻을 표하고 온 마음을 다해 그 사람과 우정을 맺어야 합니다. 그 사람은 분명 당신의 일을 추진하는 데 '보조 추진 장치'가 되어줄 것이기 때문입니다.

인간관계를 계산하면
남는 것은 아무것도 없다

보답을 바라지 않는 마음으로
도움을 주어야 더 많은 보답을 얻을 수 있다.

'인정'을 일종의 투자로 여기는 사람들이 꽤 많습니다. 주식이나 펀드에 투자하는 것처럼 다른 사람을 도운 뒤에 자신이 얼마나 되돌려 받게 될지를 계산하는 겁니다. 만일 당신이 이런 태도로 인간관계를 경영한다면 아무것도 얻을 수가 없을 것입니다.

다른 사람에게 도움을 줄 때 사전에 자신이 받을 대가를 계산한다면, 상대방은 이용당한 느낌을 받기 십상입니다. 결국 당신에 대해 혐오감을 느끼며 관계를 단절하고 말겠지요.

장징은 명문대학을 졸업한 뒤 얼마 지나지 않아 외국계 기업에 입사해 일하게 됐습니다. 그녀는 업무 능력도 출중하고 외모도 예뻐서 사람들의 관심을 한몸에 받았습니다. 하지만 눈치 빠르고 총명한 사람이라

득실을 따지기 좋아했습니다. 특히 다른 사람과 왕래를 하는 과정에서 그녀는 자신에게 쓸모없는 사람은 아는 척하기도 싫어했습니다. 자신의 에너지를 소모하면서까지 사귈 필요가 없다고 생각했던 겁니다.

당연히 회사 내부에서 청소를 담당하는 직원에게 그녀는 눈길조차도 주지 않았습니다. 그 사람에게 자신이 무슨 도움을 준다는 것은 상상할 수조차 없는 일이었습니다. 그러면서 직속상관에게는 비위를 맞추고 엄청난 아부를 했습니다. 그녀는 더 좋은 직책을 얻으려면 반드시 리더의 마음을 사야 한다고 생각했습니다. 그런 이유로 기회만 있으면 상사에게 호감을 표했습니다. 이용 가치가 있는 동료들에게도 기회를 잡아 접근했고, 가치가 없는 사람에 대해서는 냉담하기 그지없었습니다. 그렇게 어느 정도 시간이 흐르자 사람들은 모두 그녀가 사람을 사귀는 목적을 알아차리고는 점점 그녀와 멀어졌습니다.

본래 능력 있는 그녀였지만 늘 승진에서 밀렸습니다. 상사에게 많은 노력을 기울이는데 도대체 왜 승진 기회를 잡지 못하는지 그녀는 끝내 알지 못했습니다.

사람을 사귈 때 사심 없는 노력을 기울여야 노력의 대가가 되돌아옵니다. 만일 장징처럼 너무 대가를 바라면, 오히려 상대방은 실리를 따진다는 느낌을 받으면서 상대하지 않게 됩니다.

또한 일상생활에서 지나치게 인정을 따지는 경우가 있습니다. 허영심 때문에 선심을 썼다가 일단 친구가 큰 성공을 거두면 매일 친구가 자신에게 신세 진 일을 입에 달고 삽니다. 혹시나 친구가 그 일을 잊어버릴까 봐 걱정하는 겁니다. 혹은 친구가 일을 잘 마무리할 수 있도록 도운 뒤에 심하게 우쭐대면서 작은 일을 큰 일로 둔갑시키기도 합니다. 자신이 들인 공을 사람들이 잊어버릴까 봐 두려워하는 겁니다. 이렇게 행동하면 상대방은 스트레스를 받다가 결국에는 친구 관계가 변질되고 맙니다.

그래서 인간관계를 잘 경영하려면 먼저 태도를 바르게 해야 합니다. 최대한 자신의 능력으로 다른 사람을 도운 뒤에는 과하게 따지지 말아야 합니다. 그렇게 해야 사람들은 진심을 느낄 수 있고 관계를 유지하고 싶어하게 됩니다. 그리고 당신이 어려운 일을 만났을 때 나서서 도우려고 할 겁니다.

인생에서 가장 큰 부채는
마음의 빚이다

지키지 못할 약속은 애초에 하지 말고,
약속을 했다면 최선을 다해 지키려고 노력하라.

인생에서 가장 큰 채무가 바로 마음의 빚입니다. 마음의 빚은 청산이
잘 되지 않습니다. 그래서 신중하게 행동해야 하고 너무 많은 '마음의
빚'을 져서는 안 됩니다.

먼저 다른 사람의 일을 돕겠다는 약속을 너무 자주 해서는 안 됩니
다. 실제로 그 약속을 일일이 실행할 수 없기 때문입니다. 덜컥 약속만
해놓고 그 일을 해내지 못하면 실없는 사람이 됩니다. 이런 일이 여러
번 발생하면 이미지가 급격히 추락하고 신용을 지킬 줄 모르는 사람이
라는 평판을 얻게 될 것입니다. 그런 당신을 누가 존중해줄까요? 누가
나서서 도우려고 할까요?

또한 당신이 충분히 할 수 있는 일은 다른 사람의 도움을 받지 말아
야 무능하다는 소리를 듣지 않습니다. 물론 다른 사람의 일을 도와줄

때에는 최대한 잘해내야 하겠지요. 어쨌든 다른 사람이 당신을 돕고자 하는 상황과 당신이 다른 사람에게 도움을 요청하는 상황은 별개입니다. 그 밖에도 다른 사람에게 일을 하라고 강요할 필요가 없습니다. 설령 그들이 당신의 강요대로 일을 한다고 하더라도 썩 유쾌하지는 않을 테고요. 물론 당신을 존중하지도 않습니다.

이렇게 본분에 맞는 태도로 다른 사람과 교류할 수 있다면, 당신은 굳이 다른 사람에게 신세를 지지 않게 될 것입니다. 그리고 성공의 길을 더욱 안정적으로 걸을 것입니다.

하지만 다른 사람에게 신세를 지고 싶지 않다 해도 살다 보면 어쩔 수 없이 도움을 받게 되는 경우가 있습니다. 인생이란 것이 그렇습니다. 하지만 도움을 주지도 않고 받지도 않으면, 자칫 인간미 없는 사람으로 보일 수도 있습니다. 인간미 없는 사람은 냉혈한으로 불리며 다른 사람으로부터 냉대와 푸대접을 받기도 하지요. 그렇기 때문에 도움을 받더라도 '호의를 무시할 수는 없지. 대신에 무엇으로라도 꼭 갚아야 해'라고 생각하는 사람이 있습니다. 이런 자세로 도움을 주고받으며 다른 사람과 사귀면 마음이 편안해지고 근심도 없어집니다.

만약 빚을 졌다면, 반드시 그 빚을 갚는 게 좋습니다. 물론 그렇게 하기가 쉽지는 않지만 최대한 노력이라도 해야 합니다. 때때로 어떤 빚은 갚고 싶어도 갚지 못하게 되는 경우가 생깁니다. 그러면 그 빚은 영원히 남아 내내 마음을 괴롭힐 것입니다.

아무리 친한 친구라도
지켜야 할 선이 있다

허물없는 사이여도 존중이 기본 바탕에 깔려 있어야 한다.
친한 친구일수록 사소한 말 한마디에 돌아설 수 있다.

친구 사이가 일단 가까워지고 관계가 친밀해지면 사소한 일에는 주의를 기울이지 않게 됩니다. 경계선을 넘나들기도 합니다. 이렇게 하면 두 사람의 우정에 금이 갈 수밖에 없습니다. 베이징대학교 화술 훈련 강의에서는 아무리 가까운 친구라도 적당한 거리는 지켜야 하고 특히 대화를 할 때는 예의를 지키고 자기절제를 해야 한다고 강조합니다. 자칫 사이가 틀어질 수 있기 때문입니다.

류메이는 친구들과 함께 술집에 갔다가 과거에 친하게 지냈던 샤오치를 만났습니다. 친구들의 시선이 순간 샤오치에게로 향했습니다. 류메이가 샤오치를 소개해주었으면 하는 눈치였습니다. 그걸 눈치 챈 류메이가 갑자기 목소리를 높였습니다. "어머, 얘들아! 얘 완전 늑대야.

아는 사람은 다들 그렇게 말하지, 아마?" 그러면서 바나나를 샤오치의 머리 위에 올려 우스꽝스러운 장면을 만들어냈습니다. 친구들은 아무 생각 없이 유쾌하게 웃었습니다.

사실 류메이는 여러 해 동안 친하게 지냈고 자주 농담을 주고받는 사이라서 이렇게 해도 별 문제 없을 것이라고 생각했습니다. 하지만 샤오치는 처음 만난 사람들 앞에서 놀림감이 된 것 같아 당황스러웠습니다. 불같이 화를 내면서 바나나를 바닥에 내동댕이쳤고, 씩씩거리면서 술집을 나가버렸습니다. 나가기 전에 고개를 돌려 류메이에게 이런 말도 남겼습니다. "이제 다시는 사람을 함부로 깔보는 너 같은 녀석과는 만나지 않을 거야!"

아무리 친한 사이라도 교양 없고 예의 없게 장난을 치면 자존심에 상처를 입습니다. 친근감의 표현과 무시는 완전히 다릅니다. 우정도 이해와 존중이 바탕이 되어야 더욱 오래 유지될 수 있습니다.

사람들은 누구나 자기만의 독립된 공간을 갖고 싶어 하고 누구도 그 금기의 구역을 침입해 들어오는 걸 허락하지 않습니다. 아무리 친구 사이라도 마음대로 금기의 구역에 들어서면 둘 사이에 틈이 생기고 갈등이 빚어집니다. 가령 상대방에게 시간이 있는지 혹은 원하는지를 물어보지도 않고 자기 마음대로 상대방이 이미 계획해놓은 소중한 시간을 지배하거나 점용해서 자신을 도우라고 하는 경우가 있습니다. 또한 상대방이 말하고 싶어 하지 않는 비밀을 계속 물어본다든가 프라이버시를 계속 침범하기도 합니다. 이런 행동은 친구를 존중하기는커녕 무례하게 간섭하는 것입니다. 만일 실수로 소홀히 대한 것이라면, 이해할 수도 있고 용서받을 수도 있습니다. 하지만 그런 행동이 계속된다면 분명 친구 사이에 틈이 생기고 미운 마음이 들게 되며 결국 관계 자체가 악화되기까지 합니다.

아무리 사이좋은 친구라도 지켜야 할 도리가 있습니다. 어떤 상황에서든지 '예의'라는 두 글자를 잊지 않고 친구를 대해야 우정이 오래 지속될 수 있을 것입니다.

증오심으로 망가지는 것은
결국 자기 자신뿐이다

꽃은 자신을 짓밟은 사람의 복사뼈에
짙은 꽃 향기를 남긴다.
–마크 트웨인Mark Twain

인간관계를 맺으면서 섣불리 다른 사람을 미워해서는 안 됩니다. 미워하면 자기 자신부터 괴로워지기 때문입니다. '증오'는 함정입니다. 마음속에 증오를 품고 있으면 인생을 감옥에 가두는 격이 됩니다. 증오는 행복의 태양을 가리는 먹구름과 같아서 삶에 견디기 힘든 고통을 드리웁니다. 인생은 고작 수 십년밖에 안 됩니다. 증오 때문에 스스로를 감옥에 가두어서는 안 됩니다.

19세기 미국에는 건축과 비행기 분야에서 각각 유명세를 떨친 두 인물이 있었습니다. 그들은 각각 건축왕과 비행기왕으로도 불렸는데, 두 사람은 아주 사이 좋은 친구였습니다.

마침 건축왕에게 딸이 있었고, 비행기왕에게도 아들이 있었습니다.

두 집안의 관계가 꽤 좋았기 때문에 두 사람은 아들과 딸을 결혼시켰습니다. 하지만 아들과 딸은 결혼한 뒤로 관계가 별로 좋지 않았습니다. 싸우는 일도 꽤 많았습니다. 유명인사이자 갑부 집안이었기 때문에 아들과 딸의 불화는 두 아버지의 큰 골칫거리였습니다.

그런 와중에 전혀 예상치 못한 심각한 사건이 벌어지고 말았습니다. 건축왕의 딸이 갑자기 독살당한 것입니다. 경찰 측의 진상 조사에 따르면, 살인범은 다른 아닌 비행기왕의 아들이었습니다. 이 일로 비행기왕의 아들은 감옥에 갇히게 됐고, 두 집안 모두 육체적으로나 정신적으로 엄청난 충격을 받았습니다.

사건이 있은 뒤로 두 집안의 관계는 급격히 나빠졌습니다. 그리고 상황은 악화일로를 걸어, 비행기왕의 아들이 법정에서 자신은 부인을 죽인 적이 없다고 발뺌하면서 건축왕 집안의 분노를 사게 되었습니다. 게다가 비행기왕 역시 아들의 무죄를 밝히겠다며 극구 항소를 했습니다. 이렇게 되자 두 집안은 깊은 원한에 휩싸였고 암투를 벌이기 시작했습니다. 쌍방이 입은 손실은 어마어마했습니다.

1년 뒤 법원의 최종 판결에서 비행기왕의 아들은 살인죄로 종신형을 받았습니다. 비행기왕은 자신의 아들이 평생 감옥에서 썩는 걸 두고 볼 수만은 없어 갖은 방법을 동원했습니다. 시치미를 떼면서 거금을 들여서까지 건축왕의 집에 경제적 보상을 하려고도 했습니다. 건축왕에게 법원에 가서 아들을 위해 사정해달라는 간청도 했습니다. 그런데 비행기왕이 경제적 보상을 해줄 때마다 교묘하게도 비즈니스 현장에서 보상이 진행되었고 진심 어린 사과 같은 것은 받을 수 없었습니다.

건축왕은 울며 겨자 먹기로 보상금을 받을 때마다 마치 칼로 자신의 심장을 도려내는 듯한 참기 힘든 고통을 겪었습니다. 건축왕은 자신이 애초에 어쩌다 사람을 이렇게 잘못 사귀게 되었는지를 후회했습니다. 한편, 비행기왕의 가족들도 날마다 자책하는 삶을 살았고, 아들 교육을 제대로 하지 못한 것에 대해 스스로를 탓했습니다. 그리고 이익에 눈이 멀어 결혼까지 시켰던 일을 후회했습니다.

미국 상류층으로 잘나가던 두 집안은 삶이 이렇게 자신들을 조롱할 것이라고는 상상도 못했습니다. 그렇게 우울하고 괴로운 마음으로 세월을 보내는 동안, 건축왕과 비행기왕은 제대로 웃을 수가 없었습니다. 자식들의 일로 지불한 심리적 대가는 그들이 가진 재산 전부를 웃돌고도 남을 만큼 커졌습니다.

하지만 그렇게 20여 년 고통스러운 나날을 보낸 뒤 새로운 사실이 밝혀졌습니다. 건축왕의 딸은 살해당해 죽은 것이 아니라 사고로 죽은 것이었습니다. 당시 미국 사회에서 엄청난 파란을 일으킨 사건이었던 관계로 언론매체는 당연히 취재에 열을 올렸습니다. 인터뷰 과정에서 건축왕과 비행기왕은 이런 말을 했습니다. "20여 년 동안 우리가 겪은 심리적 고통은 평생 감당할 수 없을 정도입니다."

20여 년은 검은머리가 하얗게 변할 수 있는 시간입니다. 어마어마한 재산으로도 보상할 수 없는 세월입니다. 만일 두 집안이 감정을 앞세우지 말고 문제를 제대로 마주하고 풀었더라면, 그렇게 엄청난 고통과 시런을 겪지는 않았을 겁니다.

　사람과 사람 사이에는 태생적인 원수란 없습니다. 다만 살면서 갈등을 겪고 마찰을 빚어 석연치 않은 일들이 발생하는 것뿐입니다. 그런 감정들은 완벽하게 내던져버릴 수 있습니다. 남은 인생을 들여 과거의 고통을 되새길 가치가 전혀 없습니다. 그렇게 하지 않으면 당신은 평생 고통 속에서 살아야만 합니다. 고통 속에서 평생을 보내고 자신을 감옥에 가두면서 영원히 헤어 나오지 못하는 겁니다.

　사람 사이의 관계는 인생의 단계를 거치면서 진실한 마음을 주고받고 이해하며 양보할 수 있습니다. 매듭은 결국 풀리게 되어 있고, 얼음도 녹을 것이며 화염산도 결국에는 넘을 수 있습니다.

제7장

자신을 존중하되
자만하지 하게

- 마음을 다스리는 기본 원칙 -

마음속 휴지통을 비워야
더 멀리 나아갈 수 있다

지금 당장 주변 환경을 바꿀 수 없다면
그것을 대하는 자기 마음가짐을 바꿔보는 것이 좋다.

빠른 생활 리듬은 사람들 인생에 스트레스를 끊임없이 가중시킵니다. 업무를 수행하거나 학습하다 어느 단계에 이르면, 알 수 없는 초조함과 답답함을 느낄 때가 찾아옵니다. 그럴 때는 하고 있던 일에서 잠시 멀어져 익숙한 생활 패턴에서 벗어나보는 것이 좋습니다. 다른 삶을 찾음으로써 마음속 휴지통을 가득 채우고 있던 감정의 쓰레기들을 즉시 깨끗하게 비워낼 필요가 있습니다.

베이징대학교의 한 철학과 교수는 강의를 하던 중 학생들에게 자신이 직접 겪었던 경험을 들려주었습니다.

"한동안 인생에서 내 마음처럼 되는 게 하나도 없었습니다. 나를 둘러싼 모든 게 무겁고 벅차게만 느껴졌습니다. 초조함과 답답함 속에 하염없이 빠져들었지만, 도무지 어떻게 내 감정을 다스려야 할지 알 수가 없었습니다. 그러던 어느 날, 학교에 3개월 동안의 장기 휴가를 신청한 뒤 가족들에게 말했습니다. 전화해서 귀찮게도 하지 말고, 내가 어디 있는지 묻지도 말고, 무엇을 하고 있는지 묻지 말라고 했습니다. 그때는 나조차도 도대체 어디로 가야 할지를 몰랐습니다. 그때의 나는 매일 반복되는 단조로운 일상에 완벽한 권태를 느끼고 있었고, 마음에 너무 많은 쓰레기를 담고 있었습니다.

난 혼자서 동북 지방에 있는 어느 농촌으로 갔습니다. 지금까지와는 전혀 다른 새로운 삶을 맛보고 싶어 그곳에서 여러 가지 일을 경험했습니다. 농촌에 가서 농사일도 돕고 식당에서 접시를 닦아보기도 했습니다. 농민들과 함께 논밭에서 일할 때 나는 땅주인 몰래 구석에 숨어 담배를 피우기도 했고, 일꾼들과 게으름을 피우며 잡담을 나누기도 했는데, 이런 생활은 전에 없던 쾌감을 안겨주었습니다."

한동안 그런 생활을 이어나갔습니다. 그러다 어떤 계기로 다시 집으로 돌아오게 되었지요. 한 식당에서 접시 닦는 일을 했는데 고작 4시간 만에 사장이 불러 시급을 계산해주더니, 이렇게 말하더군요. '불쌍한 인간! 그릇 닦는 속도가 이렇게 느려 터져서야 어디 쓰겠어? 당신 해고야!' 그렇게 이 불쌍한 인간은 다시 베이징대학교 강단으로 돌아왔고, 가장 익숙한 업무 환경으로 되돌아온 겁니다. 돌아와 보니 예전에는 너무 익숙해서 권태로웠던 것들이 돌연 새롭고 재미있게 느껴졌습니다. 본업이 새로운 즐거움으로 다가온 겁니다.

마지막으로 그는 학생들에게 이렇게 말했습니다. "그 3개월의 경험은 장난꾸러기 아이가 못된 장난을 친 것처럼 신선하고 자극적이었습니다. 게다가 그 경험을 한 뒤로는 모든 것이 아이들 눈에 비친 세상처럼 재미로 가득해졌습니다. 그간 마음속에 쌓여 있던 감정의 쓰레기가 모르는 사이에 말끔히 정리된 것입니다."

오랫동안 답답하고 단조롭게 생활하다 보면 사람들의 마음에는 너무 많은 쓰레기가 쌓입니다. 그러다 결국에는 견딜 수 없는 지경에 이르게 되는 거죠. 이때는 잠시 멈춰 서서 곧바로 쓰레기를 정리하고 가벼운 마음으로 다시 시작해야 합니다. 이런 마음가짐과 태도를 가져야만, 인생의 여정에서 장거리 경주를 할 수 있습니다.

시작은 작은 새였어도
그 끝은 매가 되어야 한다

작은 재주만 믿고 자신을 대단하게 여기는 것은
결국 제 앞길을 스스로 망치는 것과 같다.

앞으로 나아가는 과정에서 꿈을 실현하려면, 처음에 작은 새로 시작했을지는 모르나 최종적 목표는 매로 잡아야 합니다. 물론 작은 새라는 것이 연약하거나 소심한 사람이라는 의미는 아닙니다. 겸손한 자세와 진실한 태도로 자신에게 주어진 일을 해내며 위로 발돋움하기 위해 적극성을 발휘하고 기꺼이 고생을 감수해야 한다는 것을 의미합니다. 또한 자신의 진로나 발전계획을 합리적으로 정하고 목표를 향해 노력하면서 큰일을 성취해나가야 함을 의미합니다.

당신이 하는 일이 아무리 평범하게 보이더라도 자신이 현재 무엇을 하고 있는지 정확히 알아야 하고, 그 일에 어떤 가치가 있는지도 알아야 합니다. 그래야 그 과정에서 의미 있는 결과물을 얻을 수 있습니다. 더불어 그 일이 자신의 목표를 실현하는 데 과연 도움이 될지에 대해서도 객관적으로 판단할 수 있어야 합니다.

작은 새에서 출발하더라도 매를 목표로 세우라는 말은 우리에게 시사해주는 바가 있습니다. 직장에서 자신의 능력을 과시하지 않고 사장이나 동료들 앞에서 자신의 재능을 자랑하거나 드러내지 않도록 스스로를 잘 조절해야 한다는 점을 말입니다. 금은 언제 어디서나 빛을 발하고 능력 있는 사람이면 언젠가는 중요한 직책에 기용될 것입니다. 맡은 일이 소소해서 쉽게 여겨 소홀히 하거나 실력 자랑을 해서는 안 됩니다. 지금 어떤 일을 하고 있든 직장의 급변하는 상황이나 서로 속고 속이는 등의 복잡한 인간관계에 침착하게 대응하는 것이야말로 뛰어난 사람으로 발전해갈 수 있는 방법입니다.

매가 될 것인지 아니면 작은 새에 머물고 말 것인지는 상당 부분 개인의 특성으로 결정됩니다. 일할 때 허풍을 치고, 일단 성과를 내면 사람들에게 죄다 자랑하고 싶고, 자신의 능력을 과시하려 드는 사람이 있습니다. 이렇게 하면 뭇 사람들의 공격 대상이 되어 발전하는 데 영향을 받습니다. 만일 당신이 큰소리를 치는 사람이라면 이미 성공해서 '매'가 된 사람들은 그 모습을 보고 불쾌함을 느낄 것입니다. 결국에는 노련한 '매'들의 표적이 되어 작은 일조차 제대로 해낼 수 없게 될 것입니다. 이런 상황에서 과연 큰일을 이룰 수 있을까요?

작은 새의 단계에서는 겸손하고 부드러운 개성을 갖추고 있어야 합니다. 자신의 능력을 벗어난 일을 만났을 때 위화감을 조성하지 말고 작은 새의 사랑스러운 특성으로 최대한 논란 속으로 빠져들지 않도록 해야 큰일을 이루어낼 수 있습니다.

팀에서 남보다 뛰어나고 싶다면 매의 능력을 갖춘 평범한 작은 새가 되어야 합니다. 평상시에는 갖고 있는 재능을 감춘 채 가장 편안하고 가장 자연스러운 태도로 주위 사람들과 화목하게 지내고 조화롭게 일을 처리할 수 있어야 합니다. 풍파가 몰아쳤을 때에는 훌륭한 능력을 발휘해 풍파를 극복해야 합니다.

자신의 활동 범위 안에서 겸손하고 연약한 작은 새의 이미지로 구축한 인맥을 통해 좋은 평판을 쌓은 뒤에는 매의 능력으로 인격이 낮고 비열한 사람들을 상대하면 됩니다. 이렇게 하면 견고하고 침착한 걸음으로 전진할 수 있습니다. 그리고 마침내 큰일도 이뤄낼 수 있습니다.

수레를 끌 때도 머리를 들고
앞을 볼 줄 알아야 한다

제 눈앞에 놓인 일만 살피지 말고,
높고 먼 곳에 뜻을 두어라.

성공한 사람은 수레를 끌면서도 길을 내다봅니다. 오로지 고개를 숙이고 미친 듯 달리기만 하는 사람은 바보입니다. 살면서 안정적으로 길을 가고 싶다면 정신을 집중해 맹렬히 연습해야 할 뿐만 아니라, 제때고개를 들고 앞에 펼쳐진 길을 봐야 합니다. 그래야 대세를 알 수 있고더욱 높은 단계로 향할 수 있습니다.

고개를 숙이고 미친 듯 달리는 것은 착실하고 진지하게 열심히 일하는 것이고, 고개를 들고 길을 보는 것은 길을 판별하고 방향을 확실히인식하는 것입니다. 하지만 고개를 숙이고 미친 듯이 달리기만 하고 고개를 들어 길을 보지 않으면, 나아가야 할 길에서 벗어나게 되고 어렵게 찾아온 기회를 놓치게 될 뿐만 아니라, 성공과 발전의 방향에서 이탈하게 됩니다.

삼장법사가 서쪽나라로 불경을 구하러 가면서 백룡마를 타게 되었습니다. 그 말은 이전에 장안 지역의 성서城西에 있는 방앗간에서 나귀 한 마리와 무척 친한 친구였습니다. 평상시에 말이 밖에서 짐을 질 때 나귀는 방앗간에서 맷돌질만 하고 있었습니다. 그런데 말이 고개를 쳐들고 서쪽으로 가면서 말과 나귀의 운명은 완전히 달라졌습니다.

14년 뒤 말은 불경을 등에 지고 장안으로 돌아왔고 방앗간으로 와서 나귀 친구를 만났습니다. 늙은 말이 자신이 지나온 여정을 나귀에게 들려주었습니다. 끝없이 펼쳐진 광활한 사막과 하늘 높이 솟아 있는 산봉우리와 눈과 얼음으로 뒤덮인 언덕과 열해熱海의 파도 등에 대해서 말입니다. 그 말에 나귀는 화들짝 놀랐습니다. "그렇게 많은 걸 보고 들었단 말인가! 그 머나먼 길을 나는 참말이지 상상조차 못하겠네." 이윽고 나귀가 또 말에게 물었습니다. "같은 시간을 보냈는데, 자네는 어째서 그렇게 성공하고 나는 어째서 그대로 이 모양이란 말인가?"

말이 겸손하게 대답했습니다. "사실 내가 서천에 가서 불경을 가지고 오는 동안 자네도 쉬지는 않았지. 심지어 나보다 훨씬 수고로웠을 것이네. 내가 한 발을 걸을 때 자네도 한 발을 걸었겠지. 하지만 자네와 나는 다른 점이 있네. 나는 마음속에 목표가 있어서 끊임없이 앞을 내다봤기 때문에 더 멀리 걸을 수 있었지. 허나 자네는 그저 방앗간에서 고개를 숙이고 열심히 일만 했잖나. 그러니 제자리걸음만 할밖에!"

참으로 곱씹어볼 만한 이야기입니다. 길은 자신의 발밑에 놓여 있으니 노력하는 방향은 오로지 자신만이 통제할 수 있습니다. 특히 성공을 위해서는 몰두하고 열심히 노력하는 것도 무척 중요하지만, 정확한 방향을 내다보는 것이 더욱 중요합니다. 사람들은 노력만 하면 성공할 수 있다고 생각합니다. 하지만 현실은 다릅니다. 주위를 둘러보면 애써 노력하는 사람은 무척 많은데 결과적으로 성공을 거두는 사람은 무척 드뭅니다. 왜 그럴까요?

누군가는 이렇게 말할 수도 있습니다. "노력해봐야 아무 소용없어!" 노력도 필요하지만 고개를 들고 길을 보면서 핵심 지점에 에너지를 쏟아부을 줄 알아야 합니다. 그래야만 길을 덜 에둘러가고 더 먼 길을 갈 수 있습니다.

인생의 3대 함정에
빠지지 않도록 주의하라

약삭빠르게 처신하려 이리저리 애쓰는 것보다
제자리에서 정도를 지키는 게 낫다.

부주의함은 자신의 인생을 타인에게 넘겨버리는 것과 같습니다. 쉽게 믿는 것은 미련한 개가 사람이 던진 돌멩이를 허겁지겁 달려가 무는 것과 같습니다. 탐욕스러운 사람은 가장 곤궁한 사람입니다. 무언가를 차지하고 싶을수록 쉽게 잃습니다. 그래서 언제나 조심하고 신중해야 합니다. 그리고 인생의 3대 함정에 빠지지 않도록 주의해야 합니다. 이와 관련해 이야기 하나를 소개합니다.

성으로 들어와 나귀와 산양을 파는 농부가 있었습니다. 농부는 산양의 목에 작은 방울을 메달아 놓았습니다. 이때 그 상황을 지켜보던 좀도둑 세 명 중 하나가 말했습니다. "나는 농부가 알아채지 못하게 양을 훔칠 수 있어." 그러자 또 다른 좀도둑 하나가 말했습니다. "나는 농부의 손에서 나귀를 훔쳐오겠어." 이번에는 세 번째 좀도둑이 나섰습니다. "그게 뭐 어려워. 나는 농부가 입은 옷을 몽땅 훔쳐올 수 있어."

그날 저녁 농부가 잠든 틈을 타 첫 번째 좀도둑이 산양의 목에 묶여 있던 방울을 풀어 나귀의 꼬리에 묶은 뒤 양을 끌고 갔습니다. 잠에서 깬 농부는 산양이 보이지 않자 정신없이 찾기 시작했습니다.

이때 두 번째 좀도둑이 농부의 앞으로 가서 지금 뭘 찾고 있는지 물었습니다. 농부가 산양 한 마리를 잃어버렸다고 하자, 두 번째 좀도둑이 말했습니다. "그 산양을 제가 봤습니다. 방금 어떤 사람이 산양 한 마리를 끌고 저쪽 숲으로 들어갔어요. 지금 쫓아가면 잡을 수 있을 거예요." 농부는 좀도둑에게 자신은 산양을 쫓을 테니 나귀를 좀 끌어달라고 부탁했습니다. 두 번째 좀도둑은 기회를 틈타 나귀를 끌고 가버렸습니다.

한편, 숲 속으로 들어갔다 돌아온 농부는 나귀마저 사라진 걸 발견했습니다. 상심한 나머지 대성통곡을 했습니다. 그러던 중에 농부는 연못 가에 한 사람이 앉아 있는 모습을 보게 됐습니다. 그 사람 역시 울고 있었습니다. 농부가 무슨 일인지 묻자, 그 사람이 대답했습니다. "어떤 사람이 내게 금 한 자루를 성 안으로 배달해달라고 했습니다. 그런데 너무 피곤해서 연못 옆에 앉아 쉬다가 잠이 들었는데, 잠결에 금이 든 자루를 물속으로 밀어서 빠뜨렸지 뭐요." 농부는 의아해하며 물었습니다. "연못이 그리 깊지도 않은데, 물속에 들어가서 자루를 건져 올리면 되지 않습니까?" 그런데 이런 답이 돌아왔습니다. "나는 물이 무섭소.

수영을 못하니까. 자루를 나 대신 건져 올려주는 사람이 있다면 그에게 금 열 덩이를 주려고 하우."

농부는 그 말을 듣고는 크게 기뻐하며 이런 생각을 했습니다. '그 도둑 놈들이 내 산양과 나귀를 훔쳐가더니, 비로소 하늘이 내게 더 많은 재산을 내려주려 하는구나.' 그러고는 한 치의 주저함도 없이 옷을 벗고 물 속 깊은 곳까지 들어갔습니다. 하지만 아무리 찾아봐도 금 자루는 보이지 않았습니다. 농부가 물속에서 나왔을 때는 자신의 옷이 사라졌다는 것만 확인할 수 있을 뿐이었습니다. 세 번째 좀도둑이 그의 옷을 훔쳐간 것입니다.

부주의하고, 쉽게 믿고, 욕심을 부리는 것이 인생의 3대 함정이라는 점을 알려주는 이야기입니다. 행동할 때는 확실히 해야 하고 신중하고 조심해야 합니다. 결정을 내릴 때는 냉정해야 하고 헛소문을 쉽게 믿어서는 안 됩니다. 상황에 대해 깊이 파악하지 못한다면 본전을 찾는 데만 급급해집니다. 폭리를 욕심냈다가는 결국 본전까지 날리고 상처투성이인 인생만 남습니다.

운명이 길을 막을 때는
반드시 출구도 마련해놓는다

불평은 모든 것을 불평거리로 만들어버린다.
왜 불평하지 않기 위한 노력은 아무것도 하지 않는가?

어려움에 놓이면 사람들은 불평을 늘어놓습니다. 왜 재수 없는 일은 꼭 자신에게만 일어나느냐고 불평하고, 또 이 세상이 온통 자신에게 적대적이라고 불평합니다. 그러면서 모든 불평의 화살을 아주 자연스럽게 운명에게 돌립니다. 사실 운명은 당신이 누구인지조차 모릅니다. 그렇기 때문에 운명을 원망하는 것은 아무런 의미가 없습니다.

운명에게 불평을 늘어놓아봤자 마음의 고통만 더해질 뿐입니다. 아무것도 얻을 수 없고 변화시킬 수도 없습니다. 게다가 불만스런 상태에서는 갈수록 일을 엉망으로 만들고 더 나아가 문제를 해결할 기회를 놓쳐버릴 수도 있습니다. 그래서 부당한 대우를 받았을 때는 평정심을 유지하면서 찬찬히 상황을 마주하고 적극적인 태도로 그 상황을 대면해야 합니다. 이것이 바로 인생에서 올라서야 할 경지입니다.

한 형제가 있었습니다. 형은 피아노 연주를 좋아해서 음악가가 되고 싶어했습니다. 그리고 동생은 그림 그리기를 즐겨 미술가가 되고 싶었습니다. 하지만 그들은 교통사고를 당해 한순간에 꿈을 잃을 위기에 처하고 말았습니다. 음악가가 되고 싶었던 형은 더 이상 어떤 음악도 들을 수 없게 됐습니다. 미술가가 되고 싶었던 동생 역시 눈을 다쳐 아름답게 빛나는 세상을 볼 수 없게 됐습니다.

이런 상황에 직면한 형제는 극도의 상심에 빠져 불공평한 운명을 원망했습니다. 어느 날 여느 때와 같이 불평을 늘어놓던 중 그들의 이야기를 듣고 있던 어느 지혜로운 사람이 이런 말을 해주었습니다. 먼저 듣지 못하게 된 형에게 수화로 손짓하며 말했습니다. "당신의 귀는 듣지 못하게 됐지만, 눈은 아직 총기로 빛나는군요. 그런데 왜 그림 그리는 걸 배워보려고 하지 않죠?" 그런 뒤 그는 앞을 보지 못하게 된 동생에게 말했습니다. "당신의 눈은 못 쓰게 됐지만, 귀는 아직 잘 들리잖아요. 그러면서 왜 피아노를 배워볼 생각은 안 하는 거죠?" 형제는 지혜로운 사람의 말을 듣고 문득 뭔가 깨달았습니다. 그들은 그때부터 다시는 운명이 불공평하다고 원망하지 않고 새로운 것을 추구하기 시작했습니다.

그림 배우기를 시작한 형은 귀가 안 들리는 까닭에 시끄러운 잡음 없이 오로지 그림을 그리는 데에만 몰두할 수 있었습니다. 피아노를 배우기 시작한 동생은 눈이 안 보이는 까닭에 오히려 아무 의미도 없는 수많은 부담에서 벗어나 오로지 피아노 선율에 집중할 수 있었습니다.

결국 귀가 먼 형은 미술가가 되어 세상에 이름을 떨쳤습니다. 눈이 먼 동생은 음악가가 되어 역시 유명해졌습니다. 형제는 지혜로운 사람을 찾아가 감사 인사를 전했습니다. 그러자 지혜로운 사람은 이런 말을 했습니다. "내게 감사할 필요가 없지요. 당신들 스스로에게 감사하세요. 운명이 길을 막을 때 운명은 당신을 위한 또 다른 출구를 마련해놓는 법이랍니다. 그것을 발견하는 것은 각자의 몫이지요."

사람들은 좌절과 실패를 겪습니다. 하지만 절대 원망하지 않는 삶의 태도야말로 성공의 핵심입니다. 좌절을 겪었을 때 상황을 바꿀 수 없다면 차라리 그것을 받아들이고 최대한 긍정적인 방향으로 생각해보는 것이 좋습니다. 삶의 변화는 생각의 변화에서 시작되기 때문입니다.

셰익스피어가 한 말이 있습니다. "사람들은 저마다 자신의 운명을 지배할 수 있다. 만일 우리가 다른 사람의 제약을 받는다면, 그것은 운명의 문제가 아니고 자기 자신의 문제다." 사람들은 허망한 것을 좇거나 도저히 이룰 수 없는 일을 하려고 하면서 자기 능력 밖의 것을 얻으려고 합니다. 하지만 현실적으로 기회는 먼 곳에 있는 것이 아니라 우리 주변에 있게 마련입니다.

조급함은 오직
파국을 앞당길 뿐이다

침착하지 못하고 조급한 사람은 온화하지 못하고
인내심이 부족해 수시로 인생을 교착상태에 빠지게 만든다.

인생은 기술을 익히는 것과 같아서 침착하지 못하고 조급하면 잘 배울 수가 없고 기술을 못 쓰게 만들어버릴 수밖에 없습니다. 조급함은 인생의 천적입니다. 조급한 사람은 정신을 집중할 에너지도 부족하고 필사적으로 힘껏 싸울 용기도 부족합니다. 조급한 마음은 끝없이 널려 있는 부평초처럼 의미도 없고 매력도 없습니다. 조급한 마음이 생기면 불안해지고 충동적인 행동을 하게 됩니다.

이렇듯 안절부절못하면 일을 하려는 마음과 출세하고자 하는 의지가 어떻게 생길 수 있겠습니까? 조급한 마음은 건강하지 않은 심리상태이고 정서이며, 성공의 길에 놓인 걸림돌입니다. 일단 마음에 조급증이 생긴 사람은 맹목적이고 경박하고 성미가 급해집니다. 그렇게 되면 사회의 급한 조류에 휩쓸리고 외로움을 견디지 못하는 데다 좌절하고 괴로워하다가 결국에는 아무것도 해내지 못하게 됩니다.

어느 마음 급한 청년이 강가에서 낚시를 하고 있었습니다. 청년의 옆에는 낚싯대를 드리운 노인이 앉아 있었습니다. 하지만 참 이상하게도 노인은 수시로 물고기를 낚아 올리는데 청년은 하루 종일 아무것도 낚을 수 없었습니다. 청년은 씩씩거리면서 노인에게 물어보았습니다. "어르신과 저는 사용한 낚싯밥도 같고 앉아 있는 위치도 비슷한데, 왜 어르신은 물고기를 잡고 저는 한 마리도 못 잡은 거죠?"

그러자 노인이 침착하게 대답했습니다. "나는 물고기를 잡을 때 마음이 아주 평화롭거든. 물고기가 있다는 것을 잊어버리지. 그래서 손을 움직이지도, 눈을 깜빡이지도 않은 채로 있으니, 물고기도 내 존재를 잊어버리는 거지. 그런데 자네는 어떤가? 마음속으로 물고기가 자네 미끼를 물었나 안 물었나 계속 그 생각만 하고 있지 않은가? 그러면서 물고기만 주시하고 있다가 혹시라도 물고기가 미끼를 물라치면 또 얼마나 마음이 급해지는지. 그렇게 마음이 불안하니 물고기가 놀라 달아나는 게 당연하지."

어떤 일이 있어도 마음의 평정심을 유지할 수 있어야 합니다. 이런 상태가 되어야만 물고기를 잡을 수 있습니다. 마찬가지로 무언가를 이루고자 하는 과정에서도 평온한 마음을 유지해야 애초에 마음먹었던 목표를 달성할 수 있습니다. 인생에서 발생하는 수많은 일들은 낚싯대에 걸린 물고기와 같아서 절대 조급하게 굴어서는 안 됩니다. 그렇게 행동하면 대어를 낚을 수 없을뿐더러, 당신 자신에게 좋지 않은 감정만 가져다줄 수 있다는 사실을 명심해야 합니다.

기회가 왔을 때 우선적으로 해야 할 일은 눈앞의 기회를 소중히 여기고 담담한 마음을 유지하면서 착실하고 진지하게 현재 하고 있는 일을 잘해내는 것입니다. 조급해서도 안 되고 비현실적으로 이상만 높게 가져서도 안 됩니다. 이 세상에 자기가 원하는 것 그대로 성공을 이룬 사람은 아무도 없습니다. 조급함은 일찌감치 실패의 악운을 조우하게 만들 뿐입니다.

타인의 섣부른 충고보다
마음의 소리에 귀 기울여라

누구나 다른 사람에게 충고하기는 쉽다.
그러니 곧이곧대로 모든 충고를 다 받아들일 필요는 없다.

청개구리 떼가 10층 높이의 고층 건물 오르기 시합을 했습니다. 시합을 막 시작하자, 건물 아래에 모여 구경하던 청개구리가 소리쳤습니다. "주제도 모르는 것들이지! 내가 보기에 저것들은 끝까지 올라가지도 못할 거야." 이 말을 듣고 시험에 참가한 청개구리들 사이에 동요가 일더니 고개를 저으면서 시합에서 이탈하기 시작했습니다. 하지만 나머지 청개구리들은 아랑곳 않고 열심히 올라갔습니다. 특히 그중 한 마리는 누가 봐도 힘겹게 올라가고 있었습니다. 몇 번이나 아래로 미끄러지면서도 포기하지 않았습니다.

아래에 있던 청개구리가 계속해서 소리를 질렀습니다. "괜히 힘 빼지 마. 어차피 저 높은 건물까지 못 올라가." 다시 몇 마리 청개구리가 포기하고 내려갔습니다. 하지만 청개구리 한 마리만은 계속해서 묵묵히 위를 향해 나아갔습니다. 올라가는 요령을 터득한 이 청개구리는 올라갈수록 더욱 기운이 넘쳤습니다. 한 번 뛰어올랐다가 한 번 쪼그리고 앉는 것만으로도 건물 한 층씩 올라갈 수 있게 됐습니다. 이렇게 하다 보니 다른 데 한눈팔지 않고 오로지 열심히 노력한 그 청개구리만이 결국은 건물 꼭대기에 올라서게 됐습니다.

시합을 포기한 청개구리들은 성공 비결을 알고 싶었습니다. 하지만 아무리 물어봐도 그 청개구리는 입을 열지 않았습니다. 그 청개구리는 듣지 못하는 귀머거리였기 때문입니다.

오롯이 한 가지 일에 집중할 수 있는 사람은 설령 거의 희망이 없는 일이라도 성공을 거둘 수 있다는 점을 알려주는 이야기입니다.

사실 성공은 비결이 따로 없습니다. 성공은 그저 당신이 꼭 해야 할 일을 해내는 데 있습니다. 우리는 다른 사람의 충고를 곧이듣다가 성공이란 다가서기도 힘들고 이루기도 어렵다고 지레 짐작합니다. 그러다가 원래 품었던 자신의 목표를 포기하게 됩니다. 사실 성공은 무척 단순합니다. 당신에게 있는 가장 멋진 재능과 기술과 능력을 온전히 자신이 하고 싶어 하는 일에 쏟아부으면 되는 겁니다. 온 정신을 자신이 세워놓은 목표에 집중하고 그 과정에서 소소한 발전을 얻고 부단히 성과를 쌓아가다 보면, 큰 목표는 점점 당신에게 가까워지게 됩니다.

냉철하게 생각하는 1분이
맹목적으로 일하는 1시간보다 낫다

남에게 배우기만 하고 스스로 생각하지 않으면,
배움에서 얻을 것은 아무것도 없다.

성공한 사람과 보통 사람의 가장 큰 차이점은 바쁜 와중에도 정신을 집중하고 냉정한 사고를 할 수 있느냐에 있습니다. 성공한 사람들은 사고를 통해 자신의 시간과 경험을 개인의 정신적 재산으로 전환시키고 다음 단계의 행동 목표를 기획합니다. 그리고 효과가 없는 것을 효과가 있게 만들고, 효과가 있더라도 더욱 효과적이고 탁월하게 만듭니다. 하지만 보통 사람은 몰두해 일하고 종일 바쁠 줄만 알지 자기가 하는 일에서 아무런 효과도 얻어내지 못합니다.

현실적으로 대부분의 청년들은 바쁜 일상을 보내지만, 굳이 시간을 내서 생각하려고 하지 않습니다. 그러면서 자신의 행동을 늘 저차원에서만 머물게 하다가 결국에는 아무런 소득을 얻지 못합니다. 평상시에 생각하는 습관을 들여야 합니다. 사고의 폭을 넓히고 제때에 다음 행동에 대한 양질의 계획을 세울 줄 알아야 어려움에서 벗어나 꽃길을 걸을 수 있습니다.

어떤 분야라도 다 마찬가지입니다. 당신의 지향점이 비즈니스업계에서 이목을 집중시키는 데 있든지, 아니면 어떤 전문적인 분야에서 능력을 펼치는 데 있든지 간에 이치는 다르지 않습니다. 인생의 가장 중요한 시기에 정신을 집중해서 냉정하게 사고하는 과정을 거쳐야 빛나는 미래를 보장받을 수 있습니다.

20세기의 위대한 물리학자인 어니스트 러더퍼드Ernest Rutherford 또한 냉정한 사고가 열심히 일하는 것보다 훨씬 중요하다고 생각했습니다.

어느 날 저녁, 러더퍼드는 학생 한 명이 열심히 실험하고 있는 모습을 발견하고 호기심에 질문을 던졌습니다. "자네 지금 뭘 하고 있나?"

학생이 대답했습니다. "실험 중입니다."

러더퍼드가 놀라워하며 다시 물었습니다. "그럼 오후에는 뭘 했나?"

학생은 아주 정중하게 다시 대답했습니다. "실험을 했습니다."

러더퍼드가 미간을 찡그리며 계속 질문했습니다. "그럼 아침에는?"

"그때도 실험했습니다."

이 부지런한 학생은 아마도 선생님께 칭찬을 받을 것이라고 생각했을 겁니다. 하지만 러더퍼드는 큰 소리로 엄하게 꾸짖었습니다. "자네, 아침부터 저녁까지 실험만 하고 있었단 말인가? 그러면 도대체 생각은 언제 할 것인가?"

노력하는 것은 물론 중요합니다. 하지만 목표는 노력만으로 이뤄지지 않습니다. 이 세상에 이름을 날린 위대한 사람들은 다들 굳이 따로 시간을 내 깊이 생각했고 미래에 대해 기획했습니다. 그들처럼 노력을 기울인 사람은 부지기수입니다. 심지어 그 사람들보다 훨씬 더 많은 노력을 들인 사람들도 있을 거고요. 하지만 무엇을 위해, 어떻게, 왜 노력할지를 고민하지 않는다면 노력에 들인 시간이 얼마가 되었든 그것은 크게 중요하지 않습니다.

'배우기만 하고 생각하지 않으면 얻는 것이 없다.' 매일 반복되는 기계화된 생활은 사람을 무감각하게 만들어 빛났던 미래를 암담하게 만듭니다. 그래서 현재 열심히 일하고 있는 당신은 아무리 바쁘더라도 잠깐 틈을 내서 곰곰이 생각에 빠지는 시간을 보내야 합니다.

어둠 속에서는
자신에 대한 믿음이 곧 빛이다

강인한 의지력과 어둠을 두려워하지 않는 용기가 있어야만
여명을 맞이하고 떠오르는 태양을 볼 수 있다.

때가 되면 낮과 밤이 바뀌고, 순경順境과 역경逆境이 밀접한 관계를 맺는 것은 자연 운행의 규칙입니다. 여명이 오기 전에는 반드시 어둠의 시간을 거쳐야 합니다. 어둠이 있기 때문에 빛을 찾아야 할 이유가 생기는 것입니다. 어둠은 꿈을 실현하기 전 반드시 거쳐야 하는 과정일 뿐입니다. 어둠의 침략으로 인해 희망을 포기한 사람은 결국 어둠에 잠식될 뿐입니다. 반대로 어둠 속에서도 빛을 바라보면서 부지런히 발전해가는 사람은 마침내 인생의 무대 앞에 놓인 검은 장막을 걷어내고 오색찬란한 빛으로 반짝이는 미래를 볼 수 있습니다.

헬렌 켈러는 어둠 속에서 살다가 인류에 빛을 가져다준 위대한 여성입니다. 인생에서 여든여덟 번의 봄을 보내는 동안 여든일곱 해는 소리

도 빛도 언어도 없는 고독의 세월을 참아낸 연약한 여성이기도 합니다.

하지만 그토록 어두운 세상에서 살아온 사람이 강인한 의지로 자신의 심신에 드리운 유무형의 고통을 극복하고 하버드대학교의 졸업생이 됐습니다. 그녀는 대학 재학 시절 설리번 선생님과 함께 처녀작인 《나의 생애The Story of My Life》를 발표해 자신이 어떻게 질병과 신체적 장애를 이겨냈는지 서술했습니다. 이 책은 많은 사람들에게 자신감과 용기를 북돋워주었고, 50개 언어로 번역되어 전 세계인들에게 읽혔습니다.

후에 헬렌 켈러는 미국 각지와 유럽과 아시아에서 연설하면서 시각 장애인과 청각 장애인을 위한 자금을 모았습니다. 그리고 자선기구를 세워 장애인에게 희망과 행복을 전파했으며, 미국 시사주간지 〈타임〉이 선정한 20세기 미국의 영웅적인 인물 10인에 뽑히기도 했습니다.

한편, 2차 세계대전 때 그녀는 여러 곳의 병원을 찾아가 실명한 병사를 위로하면서 보이지 않아도 볼 수 있는 삶의 가치와 의지를 일깨워주었습니다. 그리고 1964년에는 미국 국민으로서는 최고의 영예인 '대통령 훈장'을 받았고, 이듬해에는 세계적으로 위대한 여성에 선정되었습니다.

헬렌 켈러는 자신의 저작에 이런 말을 남겼습니다. "만일 내게 3일간 빛이 주어진다면, 첫째 날에는 눈으로 친구를 보고 내게 익숙한 환경을 보고 싶다. 둘째 날에는 박물관에 가서 인류 발전의 경관을 살펴보고 이 세상 역대의 예술이 지닌 아름다움을 감상하겠다. 셋째 날에는 도시로 가서 사람들의 일상생활을 보고 싶다."

'빛'이 있는 세상에서 살고 있는 사람은 인생에 잠시 '어둠'이 닥쳤을 때 과연 어떻게 자신의 꿈과 신념과 목숨까지 포기해버리는 걸까요? 사람들은 누구나 삶에서 어두운 순간을 경험합니다. 그때는 세상이 온통 한밤중의 바다처럼 깊이를 헤아릴 수도 없고 위험한 일은 꼬리에 꼬리를 물고 일어납니다. 그러면 사람들의 마음은 마치 광활한 바다에 떠 있는 한 척의 조그마한 배처럼 작고 고독하고 막막해집니다.

하지만 그 마음을 떨쳐버리고 자신에게 의지해야 합니다. 고독하고 암담하더라도 미래를 기대하고 탐색을 멈추지 말아야 합니다. 자신을 굳게 믿을 수 있어야 여명이 오기 전 가장 차갑고 가장 깜깜한 어둠을 인내하면서 지날 수 있습니다. 그리고 동쪽에서 오는 첫 번째 서광을 맞이할 수 있습니다. 그 서광은 우리의 인생이 다시 한번 돛을 올려 먼 항해를 떠날 수 있도록 인도할 것입니다.

좋은 인생의 기준은
스스로 정하는 것이다

우리 인생은 참으로 다채롭다.
제각각 다르기에 모두 아름답고 가치 있다.

금슬 좋은 부부가 있었습니다. 남편이 자동차 사고를 당하자 간병하기 위해 아내는 집에 있던 재산을 모두 내다 팔았습니다.

퇴원을 했지만 남편은 침상에 누워 하루하루를 보낼 수밖에 없는 상태였습니다. 그 때문에 두 사람은 경제적으로 어려운 상황에 몰리고 말았습니다. 남편은 의기소침해졌고 초췌해진 아내를 볼 때마다 딱 죽어버리고 싶은 심정이었습니다. 하지만 아내는 매일 미소를 지으며 돈을 벌고 남편을 돌봤습니다.

부부는 열 평도 채 되지 않는 작고 초라한 집에 살았습니다. 황혼 무렵에 겨우 몇 가닥의 빛줄기가 작은 창문으로 들어올 뿐이었습니다. 매일 저녁마다 아내는 남편이 누워 있는 침대 맡에 앉아 창밖으로 보이는 경치를 남편에게 섬세하게 묘사해주었습니다. 맑고 깨끗한 옹달샘이 있는데 거기에는 아름다운 들꽃과 멋들어진 수양버들이 있고 귀여운 새들이 샘 주위를 한가로이 옮겨 다니고 있다고 설명해주었습니다.

그렇게 매일매일 아내가 들려주는 생동감 넘치는 이야기는 남편에게 삶에 대한 희망을 심어주었습니다. 남편은 아내의 보살핌과 위안 덕분에 마침내 기적처럼 일어나게 됐습니다. 건강을 되찾은 남편은 무엇보다 창밖의 풍경이 궁금했습니다. 그런데 그는 창밖의 풍경을 보고 놀랄 수밖에 없었습니다. 잡초가 어지럽게 나 있는 황량한 목초지와 다 무너져내린 벽돌담이 전부였기 때문입니다. 그동안 아내는 삶에 대한 의욕을 잃은 남편을 위해 아름다운 풍경을 창조해냈던 것입니다.

똑같은 조건이라도 어떤 태도로 인생을 바라보느냐에 따라 삶의 형태는 완전히 달라질 수 있습니다. 황폐한 가운데서도 아름다움을 찾아내는 사람이 있고, 풍요한 가운데서도 모자란 것만 보는 사람이 있습니다. 좋은 삶의 기준도 마찬가지입니다. 남들이 정해놓은 기준과 비교하면 언제나 자기에게 부족한 부분만 더 크게 보일 것입니다. 그저 우리는 마음을 편안히 하고 자기 인생에서 각자가 지닌 아름다움과 가치를 발견하고, 그것을 최대한 지키고 누리려 애써야 합니다.

인생의 짐이 무거울수록
밟고 지나온 길은 단단해진다

처음부터 모든 게 완벽하다면
살아가는 재미를 어디서 찾을 수 있겠는가?

끝없는 인생의 여정에서 처음부터 모든 것이 풍족하다면, 정신적으로 공허해지고 살아가는 즐거움을 느끼기 어려우며 순간순간의 소중한 가치를 알지 못할 것입니다. 무거운 짐을 지지 않은 인생은 마치 말라버린 잎처럼 살랑거리는 바람 한 점만 불어도 쉽게 바닥으로 떨어집니다. 반면, 무거운 짐을 진 인생은 반석처럼 튼튼해서 동서남북 사방에서 바람이 불어와도 태산처럼 굳건합니다.

화물선 한 척이 드넓은 바다 한가운데에서 갑자기 거대한 폭풍우를 만나게 됐습니다. 선원들은 당황한 나머지 정신을 차리지 못했습니다. 그 와중에 늙은 선장만이 침착한 태도로 선원들에게 지시를 내렸습니다. 모든 화물칸을 열고 그 안에 물을 채우라는 것이었습니다.

선원들은 의아했습니다. 그렇지 않아도 이리저리 배가 흔들리고 있었기에 선장의 지시는 죽음을 자초하는 행위로만 보였습니다. 하지만 선장은 냉정하게 말했습니다. "뿌리가 굵고 잎이 무성한 거목이 바람 때문에 쓰러진 것을 본 적이 있는가? 바람에 쓰러진 나무는 다 기반이 없는 약한 나무들이다."

선원들은 여전히 반신반의했지만, 일단 선장이 시키는 대로 했습니다. 풍랑은 여전히 거세게 몰아쳤지만 화물칸이 물로 채워질수록 화물선은 점점 안정을 찾아갔습니다. 그제야 선원들은 안도의 숨을 내쉬며 존경스러운 눈길로 선장을 바라보았습니다.

배는 무거운 짐을 져야 뒤집어지지 않습니다. 사람도 마찬가지입니다. 작가 밀란 쿤데라Milan Kundera는 이런 말을 했습니다. "개인에게 닥친 중압감과 부담은 충분히 감당할 수 있는 것들이다. 이것들은 평탄하고 알찬 인생을 살게 한다. 오히려 감당할 수 없는 것은 가벼움이다."

짊어진 짐이 가벼워 편안한 삶이 꼭 좋은 것만은 아니고, 오히려 평범하고 재미 없는 인생이 될 수 있다는 사실을 기억해야 합니다. 인생의 의미는 무거운 짐을 지고서 뚜벅뚜벅 제 길을 걷는 데 있고, 앞에 놓인 여러 장애물을 헤쳐 나가며 비로소 찾을 수 있습니다. 무거운 짐을 진 인생은 비록 갖가지 고생과 불행을 경험하지만, 그것은 단단하고 풍요로운 인생을 위한 밑거름이 되어줄 것입니다.

베이징대 처세 수업

초판 1쇄 인쇄 2019년 3월 24일
초판 1쇄 발행 2019년 4월 5일

지은이 쉬원쥐안 **옮긴이** 나진희
펴낸이 김종길 **펴낸 곳** 글담출판사 **브랜드** 글담출판

기획편집 이은지·이경숙·김진희·김보라·김은하·안아람
마케팅 박용철·김상윤 **디자인** 정현주·박경은·손지원 **홍보** 윤수연·김민지 **관리** 박인영

출판등록 1998년 12월 30일 제2013-000314호
주소 (04209) 서울시 마포구 월드컵로8길 41(서교동483-9)
전화 (02) 998-7030 **팩스** (02) 998-7924
페이스북 www.facebook.com/geuldam4u **인스타그램** geuldam
블로그 blog.naver.com/geuldam4u

ISBN 979-11-86650-76-9 (03190)
책값은 뒤표지에 있습니다.
잘못된 책은 바꾸어 드립니다.

이 도서의 국립중앙도서관 출판시도서목록(CIP)은 e-CIP 홈페이지(www.nl.go.kr/ecip)와
국가자료공동목록시스템(www.nl.go.kr/kolisnet)에서 이용하실 수 있습니다.
(CIP 제어번호 : 2019008805)

만든 사람들 ────────────
책임편집 김보라 **디자인** 박경은 **교정·교열** 윤혜숙

글담출판에서는 참신한 발상, 따뜻한 시선을 가진 원고를 기다리고 있습니다.
원고는 블로그와 이메일을 이용해 보내주세요. 여러분의 소중한 경험과 지식을 나눠보세요.
블로그 blog.naver.com/geuldam4u **이메일** geuldam4u@naver.com